もう一つの
地域社会論

―― 酒田大火30年、「メディア文化の街」ふたたび ――

仲川秀樹 著

学文社

序文
一九七六年—二〇〇六年

あれは三〇年前の一九七六年一〇月二九日、当時高校三年生だった著者は、世界史の模擬試験を受けるために母校の教室にいた。夕方六時三〇分頃、担当の先生が、「中町が火事になった。今日はこれで打ち切る。気をつけて帰るように」と、試験は中止になった。いそいで高校を自転車で出て、ちょうど新井田川に差しかかった時、中町方面の空が真っ白の煙に覆われていた。庄内地方特有の強風で煙に混じった火の粉も飛んでいる。

帰宅して、NHKが流した臨時のニュースをみた。酒田の中心商店街中町は予想以上の火事になっていた。ニュースは鎮火する早朝まで一晩中、延々と流れていた。異例のメディア報道となった。風下にあった著者の実家は大慌てで荷物の整理をした。深夜に飛び火のニュースが入りあきらめた。しかし市内を流れる新井田川によって救われた。

翌日、登校した高校では当然授業にはならない。朝のホームルーム前、「中町火事のため、本日は休校にします」と、校内放送が流された。ホームルーム終了後、すぐに友人たちと中町へ出た。驚いた、中町が一瞬にして消滅していた。あまりの光景に言葉を失いながら、異次元にいるような気持ちになった。「もう二度とあの中町をみることはできない」とつぶやいた。当時の著者の気持ちだった。

時代は、一九八〇年代に入り、急激な郊外型に移行する流れは全国各地に浸透し続けた。都心の大学も郊外へ移転し、広大なキャンパスを所有したユニバーシティ・アイデンティティ構築に翻弄していた。中心市街地から郊外型への流れは、地方都市でもより顕著になっていった。モータリゼーションの影響は中心市街地を呑み込んだ。バイパス沿いに大型店舗を開設し、利便性を駆使したマーケット戦略は功を奏し、人びとの多くは余暇時間を郊外型ショッピングセンターで費やすようになった。

　地域移動の全国的な動きに、地方都市酒田の中心市街地はなす術がなかった。酒田大火復興にかけた労費によって、郊外型店舗に対抗する余力は残ってはいなかった。中心市街地の地盤沈下は想像以上に街をガタガタにした。それは酒田に根づいたメディア文化的環境の終焉に等しいものであった。

　本書は、メディア文化の伝統を担い、独自の文化を維持し続けてきた、日本海沿岸の山形県酒田市という地方都市をターゲットにした一つの地域社会論である。一九七六年の酒田大火によって消滅したメディア文化という伝統的なスタイルが、二〇〇〇年に入り、当時、一〇代だった人たちがふたたび、あらたなプロジェクトを立ち上げ、メディア文化の街を甦らすべく環境の再構築に取りかかった。そのプロジェクトを中心市街地と周辺地域の両側面から探り、その過程を検証しながら、中心市街地活性化から進化へと向かう流れをたどった社会学的な研究成果が本書である。

　第1章では、メディア文化の街「酒田」と意味づけたその社会的背景を取り上げた。メディア文化を酒田に根ざしたのが洋画専門館「グリーン・ハウス」の存在である。グリーン・ハウスなくして酒田を語ることはできなかった。

　第2章は、酒田大火による損失、大火で酒田は酒田でなくなった。中心商店街中町がダメージを受けた様相に迫った。中心市街地の様変わりのあとを受けて、活況を呈した郊外型店舗の姿に、メディア文化のかおりが消えてしまった中町の現状が浮かび上がる。

　第3章は、メディア文化全盛の頃に、一〇代を過ごした人びとが商店街活性化のために立ち上げたプロジェクトを追った。メディア文化の街らしいアイドルプロジェクトが誕生した。さらに商店街発アイドルのメディア報道とその軌跡を影響と効果の側面から探った。このプロジェクトは、酒田の街に根ざした潜在的メディア文化がもたらした伝統をベースにしていることに注目した。

第4章では、メディア文化の街「酒田」のフィールドワークである。商店街の人間模様、アイドルの現実、酒田の街に内在する課題などを検証した。フィールドワークの成果は、次章で具体的な方策として提示した。

その第5章は、二〇〇五フィールドワークの中心テーマ、中心市街地の人の流れをルートに分けて検証した。その結果、市街地の課題が詳細に浮かび上がった。そこから学生たちのルート検証とあわせた、あらたなユニバーシティルートの可能性にふれてみた。

第6章では、酒田市民と観光客、そして商店街関係者と学生のあいだでおこなわれた酒田中町をめぐるシンポジウムの記録である。率直に、中心市街地、中心商店街がかかえている実態を四者の立場で議論がなされた。これまであまり語られることのなかった街の実態は、参加者の興味をそそった。現実の問題ややるべき課題が本音で話し合われた。このシンポジウムからさらなる地域活性化に必要な思考も浮かび上がってきた。

第7章は、中心市街地を担う中町商店街を代表して、数々のメディア文化的活性化プロジェクトを推進してきた商店街専務理事に登場していただいた。インタービュー形式よりも、少しふみ込んで、一九七〇年代の酒田、そして二〇〇六年のいま、さらにメディア文化の街の将来まで語ってもらった。

最後の結びでは、酒田の街がメディア文化をベースにしている歴史的連続性を明らかにするプロジェクトの数々を取り上げた。この街にしかない伝統文化からそれをアレンジした現代文化の流れは、いまなお酒田がメディア文化の街であることをものがたっている。

一九七六年一〇月二九日の酒田大火から三〇年のいま、本書を出版することの重要性を重く受け止めている。大火は、酒田の想い出すべてを封印してしまった。そして三〇年の年月が流れた。いたずらに酒田大火三〇年を取り上げて、当時の様子を再現しようという気持は一切なかった。当時の状況は、当時の酒田を経験しないで語れるものではないことを、著者は十分に感じているからにほかならない。

大火の記録は既に立派な資料として酒田市で刊行している。ゆえに本書では酒田大火の様子は最小限にとどめている。むしろ大火直前まであったメディア文化的な伝統がいまなお、試行錯誤を繰り返しながら市民の意識下に根ざしてきたことに目を向けた。二〇〇〇年に入りその動きがより積極的になり、ふたたびメディア文化の街の活性化へ向けた姿が目に入る。その動きを大火から三〇年のいま、社会学の視点から論じることが著者の責務と考えたからのことである。

本書が誕生するまで多くの方々のサポートがあった。映画を愛し、「グリーン・ハウス」を愛し、出火元になりながら長く公にグリーン・ハウスを語れなかったなか、著者に三〇年前の記憶を甦えらせてくれた、酒田市教育委員会文化課の齋藤豊司課長、「グリーン・ハウス」友の会の体験を熱く語り当時のアーカイブ的部分を再確認させてくれた、東急エージェンシー経営政策室の岩崎晴樹マネージャーのお二人の存在は大きかった。

「メディア文化の街」をテーマとする研究の原点となる発表の機会を何度となく提供してくださった、山形新聞本社の鈴木雅史報道副部長（論説委員）の新鮮な視点は、つねに著者の研究の方向性にメディア的な発想をもたらしてくれた。

マスコミ関係の方々にはフィールドワークからアフターまで本研究のために良好な環境を用意してくださった。とくに取材においては、ＹＢＣ山形放送の荒木重弥記者、伊藤善隆記者、山形新聞酒田支社の平剛史記者、山形新聞東京支社の伊藤哲哉編集部長、荘内日報酒田支社の堀裕記者、朝日新聞東京本社の鈴木京一記者、朝日新聞青森総局の小林豪記者のみなさんには貴重なお時間をいただいた。お礼申し上げます。

本研究にあたり、三〇年前の酒田の街、商店街、「グリーン・ハウス」を知る立場として、柳小路の「珈琲ケルン」の井山計一氏の存在は欠かすことができなかった。何度となくケルンに足を運び、カウンター越しから行ったヒアリングの時間から多くの知見を得た。酒田中町商店街、酒田大火をはじめとする当時の貴重な資料や語りは何よりの重要な研究材料として、本書では随所に生かされている。ありがとうございました。

また、二〇〇三年、二〇〇五年と二度にわたるフィールドワークにおいて高校生とのヒアリングの設定、良好な研究環境をご提供いただいた酒田南高等学校の武内重昭教諭、ライブ後のヒアリング設定、エス・アイ・エスの大瀧誠プロデューサーの学生たちへのサポートには感謝いたします。

そして本書というより本研究が完成できたのは、中町商店街の脇屋直紀専務理事と、S—Produceの関浩一プロデューサーとの出逢いからである。酒田を知り、中町を知り、「グリーン・ハウス」で育ったお二人の先見性は、メディア文化の街「酒田」の未来をみつめてのことであった。両氏にはあらためて感謝申し上げたい。

最後に、本書が出版できたのは学文社の田中千津子社長のご尽力のおかげである。田中社長の社会学という領域に対する情熱は、社会学の世界にいる著者たちにはかけがえのない財産である。酒田大火から三〇年の時、著者の本書への想いをご理解いただき本当に感謝いたします。

本書がこのように刊行できるのは、こうした多くの方々のご協力とご教示があったからのことです。ここに心から感謝の言葉を申し上げます。本当にありがとうございました。

二〇〇六年八月

仲川　秀樹

目次

もう一つの地域社会論―酒田大火三〇年、「メディア文化の街」ふたたび―

序　文　一九七六年―二〇〇六年 …… i

第1章　メディア文化の街「酒田」―バックグラウンド― …… 1

第1節　メディア文化が根ざしたフィールド …… 1
1　メディア文化の世界　1
メディア文化的視点／メディア文化の社会学／社会学にみる地域社会論／地域社会のメディア文化論的研究
2　「酒田」にみるメディア文化　5
山形県酒田市の不思議／交通ネットワークがもたらしたメディア文化／酒田に根ざしたメディア文化

第2節　洋画専門館「グリーン・ハウス」の存在 …… 8
1　映画はエンターテインメントの中心だった　8
娯楽の王様は「映画」だった／市街地に集中していた歴史的な映画館／メディア文化の街を形成する洋画の繁栄
2　メディア文化の街のシンボル「グリーン・ハウス」　11
洋画専門館「グリーン・ハウス」／複合型映画館のさきがけ／メディアが伝えた「グリーン・ハウス」

第3節　首都圏と酒田のタイムラグを解消したメディア文化 …… 14

1　「グリーン・ハウス」の特徴　14
「グリーン・ハウス」の魅力／「グリーン・ハウスニュース（予定表）」と「GREEN YEARS（パンフレット）」／観客へのサービスとスタッフの距離
2　東京と酒田のメディア環境が同一に　17
東京―酒田同時ロードショー／自館で上映作品を決める／「グリーン・ハウス」的環境が構築させたメディア文化
第4節　一九七〇年代に培ったメディア環境……20
1　「グリーン・ハウス」がもたらした文化
「グリーン・ハウス」が発信した文化／「グリーン・ハウス」から影響を受けた人びと
2　特殊な時代だった一九七〇年代　22
一九七〇年代という時間／一九七〇年代にすべてを放った「グリーン・ハウス」

第2章　酒田大火とメディア文化の街

……25
第1節　一九七六年一〇月二九日……25
1　一九七六年の酒田大火　25
「グリーン・ハウス」から出火／酒田大火から三〇年、いま「グリーン・ハウス」を取り上げた
2　酒田の街はどこえ　28
「中町商店街」が一夜にして消えた／映画館も消えた／一九七六年以降、酒田の街はどこえ
第2節　酒田が酒田でなくなった……31

1　あの「中町商店街」ではない　31
酒田復興とともに商店街の面影が消えていく／確かに美しい街並みに
2　市街地を捨てる苦悩　33
中町商店街を捨てた／「人がいない」の代名詞になった／救いは老舗とブランド
第3節　中心市街地から郊外型社会へ……36
1　バイパス沿い店舗の賑わい　36
復興都市計画の功罪／地方にもあらたなモータリゼーション／人の流れはバイパス沿いへ
2　流れは郊外型社会　40
直接的な影響を受けた中心市街地／〝とりあえず〟の空間選択／「とりあえず空間」への一極集中／郊外型店舗とネオ郊外型店舗、そして市街地中心商店街
第4節　メディア文化のかおり……44
1　枯渇する文化的空間　44
「癒し」ブームのなかで／文化的環境の衰退／「とりあえず」の映画館、「市街地」の劇場／両環境の相違
2　メディア文化のかおり「ふたたび」　48
メディア文化的環境／インフォメーション環境／酒田大火から三〇年、あらたなメディア予定表／メディア文化の街の復活
第3章　地域商店街活性化へ向けた一つの試み……53
第1節　メディア文化的プロジェクトの開始……53

1　強いインパルスの新聞記事　53
山形新聞の記事から受けた衝撃／記事の内容／新聞記事からはじまったメディア文化的研究
2　メディア環境によるメディア文化　55
「グリーン・ハウス」世代の人びと／メディア文化を求めて／一つのプロジェクト
第2節　商店街からアイドルを……58
1　商店街の空洞化を打破しよう　58
「グリーン・ハウス」世代の発想／公開オーディション／商店街のサポート体制／アイドルグループ名も決定
2　地元市民へのデモンストレーション　61
公開レッスン／プロモート用レコーディング／広報活動／マイナーイベントのなか
第3節　商店街発アイドルの誕生……63
1　アイドルデビュー　63
オリジナル二曲目のレコーディング／そして、デビューコンサート／定期的なイベント
2　ホームタウンでの活動　65
帰属は中町商店街／アイドルの商店街マップ／アイドルグッズの数々／アイドルフラッグで迎える
第4節　マス・メディアの先行報道……68
1　商店街とアイドルの関係性に注目したメディア　68
日本テレビ「NNNドキュメント'02」／山形放送「YBC山形の群像21」／山形放送「YBC山形の群像21―続編―」／メディアの先行報道
2　アイドル効果をめぐるメディア報道　72

アイドルよりも酒田のPR／アイドルができない事情

第4章　メディア文化の街、商店街の進化……75

第1節　二〇〇五年フィールドワーク……75
1　ふたたび、酒田の街へ　75
フィールドワークの行程／フィールドワークのポイント
2　中心市街地と周辺地域　77
あれから中心市街地は／整備されている市街地に驚く／周辺地域を歩く

第2節　中心市街地の人の流れ……80
1　人の流れと行動パターン　80
人の流れをつかむ／三大エリアをめぐる人の流れ／中町の再開発事業の効果
2　シンボルの重要性　83
トレンドのある空間／シンボルの意味

第3節　中町商店街という世界……85
1　学生がみた中町商店街　85
「きれいな街並みと笑顔」／「商店街の力強さ」／「商店主とのコミュニケーションを学んだ」／「中町を歩くと酒田全体の文化が感じられる」／「東京の商店街との比較」／「対象年齢を分散化する店舗運営」／「看板などで商店街に誘客」／「一人で商店街に入るには」／「〝中町の日〟の効果」／「お店に入りたいという雰囲気が必要」／「商店街には来る用事がない」／「〝懐かしさ〟と〝うらやましさ〟も」／「多くの人に訪れてほしい」

／「平日と土日、賑わいの差」／「一度訪れたら、また行きたくなる場所」／「ゆったりとした時間の流れる商店街〝癒しの空間〟」

2　高校生がみた中町商店街　93

「中途半端な田舎」／「高校生が食事できる場所がない」／「中町商店街が嫌いではない」／「映画館もない」／「東京と同じものが買えたら」／「高校生が入れる店舗の充実」／「一番欲しいのは映画館」／「求めるものは映画館」／「一ヶ所で何でもできる場所が必要」／「中町よりロックタウン」／「中町では欲しいものが手に入らない」／「全国チェーンのお店があればいい」／「低迷したイメージが定着」／「一つの場所で満足させること」／「寂しい、地味、遊べない」／「中途半端な商店街」

3　商店主たちの〝いま〟　99

「冷静に現実をみている」／「商店街の活性化は長続きしない、しかし続ける」／「九九％厳しい状況」／「中町商店街はコミュニケーションルート」／「中町ならではの空間」／「活性化は商店主そのものへ向けること」／「特定の階層の顧客に満足される重要性」／「大型店舗から商店街も学んでいる」／「商店街全体の意思疎通」／「〝人に会う〟商店街」／「郊外型大型店舗VS対中町商店街の図式？」

第4節　メディアが報じたフィールドワーク二〇〇三「中心商店街の活性化」……………………105

1　活字メディアの報道　105

『山形新聞』（二〇〇三年九月一三日付朝刊）／『荘内日報』（二〇〇三年九月一三日付）／『荘内日報』（二〇〇四年二月一〇日付）／『山形新聞』（二〇〇四年二月一三日付朝刊）／『荘内日報』（二〇〇五年七月八日付）／『朝日新聞』（二〇〇五年七月一四日付朝刊）／『山形新聞』（二〇〇五年八月三〇日付夕刊）

2　電波メディアの報道　113

日本テレビ系列『YBCニュースプラス1』（二〇〇三年九月一五日OA）／日本テレビ系列『YBC社説放送』
（二〇〇三年九月二六日OA）
第5節　メディアが報じたフィールドワーク二〇〇五「中心商店街の進化」……117
1　活字メディアの報道　117
『山形新聞』（二〇〇五年九月一七日付朝刊）／『荘内日報』（二〇〇五年九月一七日付）／『山形新聞』（二〇〇五年九月一九日付朝刊）
2　電波メディアの報道　120
日本テレビ系列『山形新聞ニュース』（二〇〇五年九月一八日OA）／日本テレビ系列『YBCニュースダッシュ』（二〇〇五年九月一九日OA）／日本テレビ系列『YBC社説放送』（二〇〇五年一〇月一〇日OA）

第5章　中心市街地の人の流れとルート構築……126

第1節　酒田中町商店街周辺にみる人の流れと関係性モデル……126
1　ルート構築の関係性モデル　126
ルートの存在／五ルートの概要
2　ルート構築の仮説と検証　128
メインスポットの仮説を立てる／拠点を決めて検証する
第2節　中心市街地「クラシックルート」……129
1　中町商店街　129
中町商店街を総称「なかまち」／中町中和会、中通りを中心に「クラシックルート」

2 中町商店街の人の流れ 131
階層別にみる／「クラシックルート」人の流れ
第3節 「ファッションルート」と中町商店街 …… 134
1 中町ファッションの背景 134
お洒落な街／ファッションショップの多さ／伝統と現代の調和する中町
2 「ファッションルート」を歩く 136
雑誌的に楽しむ／「ファッションルート」構築のために
第4節 「ヒストリックルート」と「ツーリズムルート」の関係性 …… 138
1 観光ルートを差別化 138
充実する観光ルートとの差別化／「ヒストリックルート」選択の自由度／完成された「ツーリズムルート」
2 ツーリスト以外の市民も楽しむ 140
市街地も観光スポットになる季節／フォーシーズンを通じての人の流れ
第5節 「リバーサイドルート」と「ニュールート」の構築 …… 141
1 市内を流れる新井田川 141
酒田大火を食い止めた新井田川／リバーサイドルートの構築
2 一般市民を対象とするルート 142
ニュールートの発想にも／日本海ルートと旧市街ルート
第6節 「ユニバーシティルート」の夢 …… 144
1 フィールドワークの中心テーマ 144

2　日常と非日常のバランス／ルートの活用／フィールドワークの中心テーマ
「ユニバーシティルート」あれこれ　146
学生たちが感じとったユニバーシティルート／学生ルート①／学生ルート②／学生ルート③／学生ルート④／学生ルート⑤／学生ルート⑥／学生ルート⑦／学生ルート⑧／学生ルート⑨／学生ルート⑩／学生ルート⑪／「ユニバーシティルート」からよみとる

第6章　市民、商店主、観光客、学生たちと語った「メディア文化の街」……156
第1節　二〇〇五・中町シンポジウムの記録……156
1　メディア文化からみる地域活性化とは―学生の報告―　156
2　報告者と討論者―学生どうしの議論―　163
3　学生に一般参加者が加わった議論　169
4　学生と一般参加者―メディア文化とサブカルチャー論議へ―　174
第2節　中町シンポジウムを振り返って……186
1　中町シンポジウムの総括　186
2　中町シンポジウムが残したもの　191

第7章　メディア文化の街、未来へ向けて―商店主・脇屋直紀氏が語る―……193
第1節　メディア文化的まちづくりの必要性……193
1　アイドルプロジェクトは商店街の挑戦　193

商店街に元気を／酒田大火の復興から夢のある場所をつくる／アイドルで商店街の夢を具現化／商店主に理解してもらうこと
2　メディア文化的プロジェクトの継続　196
ファミリー層よ、ふたたび／アイドルプロジェクトの効果／アイドルプロジェクトの課題
第2節　ふたたび、中心商店街を酒田のシンボルに……………………197
1　中町はストリート・デパート　197
活性化とは商店主自身に向けての言葉／中町はストリート・デパート／アイドルを掲げた理由／夢と誇りをもって
2　三〇年かけてふたたび中町を取りもどす　201
SHIPは商店主に向けたメッセージ／三〇年かけて落ちたものは、三〇年かけて取りもどす
結び　メディア文化の街における「もう一つの地域社会論」……………203
1　メディア文化の源流「酒田舞娘」　203
メディア文化は華麗な世界／メディア文化の宝庫／「酒田舞娘」のいる街／「酒田舞娘」は、エンターテインメント制度
2　「酒田雛街道」と「傘福」にみるメディア文化　207
「酒田雛街道」というメディア文化／商工会議所受付の「傘福」／酒田の女性たちが企画した「傘福展示」
3　酒田と周辺地域のデザイン　209
酒田のデザイン／伝統的メディア文化の再生

4　メディア文化の街「ふたたび」　211
メディア文化の街「ふたたび」の意味／そして「もう一つの地域社会論」の帰結

索　引……………………………………………………………………1

第1章

メディア文化の街「酒田」

——バックグラウンド——

第1節　メディア文化が根ざしたフィールド

1　メディア文化の世界

◇メディア文化的視点

メディア文化を理解するために、最初にメディア文化を概念規定しておく。メディア文化とは、「メディアから発したエンターテインメント（娯楽）性の高い文化を選択したその消費者にみるスタイル」(1)である。

メディア性の高い文化は、メディア社会という条件がそなわってこそ登場したスタイルといえよう。そのメディア社会も、マス・メディアを中心とした多様な情報形態が浸透しながら、それが複合的に重なり合う社会をここでは指す。メディア文化とは、そんなメディア社会にふ

(1) 仲川秀樹、二〇〇五年『メディア文化の街とアイドル—酒田中町商店街「グリーン・ハウス」「SHIP」から中心市街地活性化へ—』、学陽書房、二四ページ。

さわしい様式をもっている。

一般社会では人間の数だけ多様な行動パターンが存在している。個人が帰属している世界では、似たようなスタイルも見受けられる。マーケターたちが用意するさまざまなモデルを個々人が選択する。むしろ個人の嗜好が拡大されている昨今だからこそ、送り手側も多くのモデルを提示しているのだ。そこで選択されたモデルこそ、メディア社会特有の文化になっていく。

娯楽性の要素は今日のメディア環境が充実していることにも関連性がある。逆にメディア文化を娯楽性の高い歴史的伝統文化に源流をおいて考えてもみたい。メディアとは、人間関係を媒体とする道具と考える。メディア一つから多様なテーマや話題が広がっていく。メディアは、人間関係を進めるネットワークをつくっているのである。過去・現在と時代を問わずメディア文化の発生する領域は深い。

近年、メディア文化を研究するメディア文化論は、「メディア文化の現象を多角的に分析する学問」として社会学の世界でも注目されている。したがってカバーする領域や対象も流行やファッション、サブカルチャーなどのポピュラーな世界である。関心をメディア文化論的に取り上げるには、「対象モデルの構造と機能を詳細に分析し、歴史的な連続性と時代の変動からそれを解明していくこと」が不可欠となっている。(2)

◇メディア文化の社会学

いまのマーケットは、娯楽性の高いモデルに溢れかえっている。マス・メディアの有効性が開花したような性質をもった商品が多い。時流に乗るということは、メディアとの良好な関係を媒体するモデルが多くの人びとへ発信されていることを意味する。流行などポピュラーカル

---

(2) メディア文化的環境として、ポピュラーカルチャーがあり、その領域に流行とファッションをおく。ポピュラーカルチャーから分化したものをサブカルチャーとする。

チャーの世界はみなメディア的である。メディア的というのはコンテンツそのものがメディアをとおして受け手へ送られていることである。トレンドと呼ばれるものは、ほとんどがメディアを媒体していることが特徴である。マス・メディアの領域が分化し続けている現状は、それだけ多様なトレンドが生まれることなのだ(3)。

送り手と受け手の媒体の役割がメディアであり、そこから生じる文化こそメディア文化そのものである。メディア文化の社会学は現代的である。メディア環境の充実と進化のもたらした成果は社会学の研究対象としてメディア文化を生み出した。つまりメディア文化を社会学するということは、メディア文化論とした領域を確立することでもある。

メディア文化論の定義を、「メディア文化の構造と機能をとらえ、それに沿った時代の変動を解明する科学(4)」とした理由も理解されたい。人びとはメディア文化現象を多方面からアプローチすることに関心を抱いている。それを分析することこそメディア文化の社会学の目的でもある。

◇社会学にみる地域社会論

社会学でいう地域社会論には、都市社会学を源流にした人間生態学(human ecology)(5)という理論的背景をみることができる。人間の分布を生物における生態系の過程からその発展の状況をみることである。一般に地域性と呼ばれるものの根底には生物学的な人間の共同体や属性などを潜んでとらえられる。地域社会には階層構造的な特徴が明確であることもうなずけよう。

R・パークによれば、都市は単に個人の集まりでも道路や建物や電灯や軌道や電話などの社会的施設の集まりでもなく、それ以上の何ものかである。むしろ都市とは、心の状態であり、

---

(3) 時代の潮流や傾向としてのトレンドがみえる。

(4) 仲川秀樹、前掲書、一二五ページ。

(5) Park, R., 1916, *The City: Suggestions for the Investigation of Human Behavior in the Urban Environment*, AJS. XX. pp. 577-612.(鈴木広『都市化の社会学』誠信書房、一九七八年、五七ページ)

慣習や伝統や、またこれらの慣習のなかに本来含まれ、この伝統とともに伝達される、組織された態度や感情の集合体である。いいかえれば、都市は単なる物質的な機構でもなければ人工的な構造物でもない。都市はそれを構成している人びとの活気ある生活過程に含まれており、いわば自然の産物、とくに人間性の所産なのである。(6)

地域社会とは、一定範囲の領域（territory）の上に、人間の生活上の社会関係が集積している状態を意味する。かつての地域社会には、村落共同体といわれ、社会関係が限定された範囲の土地の上に閉鎖的に集積している人間関係が根づいていた。外のものがその社会に入ることは困難をきわめた。いまでは、地域社会も都市的社会に移行し、そうした社会関係も地域内部に閉鎖されずに外部に向かって開放的になった。いまではメディアの露出を好みながら外へ発信する地域は増加している。

◇地域社会のメディア文化論的研究

地域社会に居住する人びとの文化に内在している社会的な慣習やフォーク・ウェイズは、長い時間のなかで正当性を勝ち得たものである。(7) 地域性というものはそんな歴史的な環境のたまものでもある。地域社会特有の文化は、精神文化や物質文化など多彩である。時代の変動過程に沿うように文化は伝承されてきた。伝統文化も絶えず新しい時流の影響を受けながらも生き残ってきた。その過程において文化は、その時々の社会的条件によって取り上げられ方も変わっていこう。原型はそのままでも周辺事情によって見方も変化している。周辺事情とは、それを紹介する媒体事情をいう。媒体はメディアであり、メディアの報道によって人びとの文化受容も異なるだろう。

---

(6) 同上訳書、五七―五八ページ。

(7) Sumner, W. G. 1906. *Folkways: A study of the Sociological importance of usages, manners, customs, mores, and morals.*（青柳清孝・園田恭一・山本英治訳「フォークウエイズ」青木書店、一九七五年）

地域社会に残された文化は貴重なアーカイブであり、継承されるモデルが多い。その地域を全国的に紹介するにも適切なものである。メディア環境の流れに乗りながら、そうした文化があらたな価値を創造することも多分にある。地域社会のメディア文化とは、そうした過程のなかから表出しているともいえよう。今日、地域社会の数だけ文化が存在し、姿を変えながら、伝統的資料や記録から、まちおこし、各種のプレゼンテーション的アーカイブとして、きわめてメディア文化的になり、メディアの世界に取り込まれてもいる。

2 「酒田」にみるメディア文化

◇山形県酒田市の不思議

本書では、一つの地域を研究対象として進めていく。その地域とは、山形県酒田市である。酒田市を語る場合、多くの人びとは地理上の山形市周辺をイメージする。宮城県側にある県庁所在地である。東京からのアクセス一つとっても、「山形新幹線ができて便利ですね。特産品にしてはさくらんぼが美味しいですね」である。

酒田市は確かに山形県にありながらも、位置的には日本海に沿った庄内地方にあり、交通アクセスの基本的パターンは、列車の場合、上越新幹線周りで新潟から特急に乗り換える。飛行機の場合も、空港名は庄内空港で山形空港ではない。地理上は、新潟と秋田の中間地点の日本海沿いにある街と説明することが必要。その日本海沿岸の平野部にある酒田市は、砂丘地特有のメロン、柿、そして庄内米が代表である。

酒田と山形の相違は、生活様式において典型である。酒田市のお正月に食べるお餅の形は、関西のように丸い。山形市は関東の切り餅であり、四角い。江戸時代の西廻り航路によって庄内地方の文化は関西から伝播してきた。まさに酒田は京文化そのものである。関西と関東の生活様式はそれぞれの行動様式としての文化的パターンをつくり、地域性を形成している(8)。同じ山形県でも酒田市は、そんな背景によって外部的に認識されていることを知ってほしい。酒田の不思議として最初に述べておきたい。

◇交通ネットワークがもたらしたメディア文化

伝統文化とは多くの地域に根ざした長く培われてきた生活様式・行動様式の一つである。酒田の伝統文化は、メディア的要素の濃いスタイルが特徴的だ。その根拠に、京文化の浸透をあげるが、そこは交通ネットワーク（西廻り航路）のもたらした影響による強い要因があげられる。いまだからこそ、陸の孤島と呼ばれるほど、中央からのアクセスは不便な酒田であるが、航路の重要性が叫ばれていた時代は、全国有数の情報受信環境にあったことは事実である。

江戸時代から明治期にかけて酒田は、北前船の港町として栄えていた。一六七二年に河村瑞賢が西廻り航路を起こし、貿易の中継地として、西の堺、東の酒田と呼ばれていた。そのせいで豪商の屋敷や優雅な文化が酒田には多数残されている。繁栄の歴史にあるのが華麗な文化そのものだった(9)。

華やかな世界を象徴しているのがメディアの世界である。その娯楽性を高めたのも交通ネットワークでもたらされた文化であり、メディア文化の下地を形成していた。京都の祇園にみられる料亭文化、現在も酒田の料亭文化は健在である。京舞妓ならぬ「酒田舞娘」もいる(10)。酒田

(8) 文化の相違は、食生活からファッションや方言まで多岐にわたる。一般に、山形県には二つの県が存在しているともいわれる。

(9) 自給可能な食材の宝庫。海上貿易によって入手できた商品（文化）の数々。

(10) 本書、結びの1を参照。

舞娘は、エンターテインメント性に富んだ伝統アイドルである。

◇酒田に根ざしたメディア文化

交通ネットワークが盛んな時代にもたらされた繁栄ある文化の数々、積極的な人間関係は社交の場を生んだ。ゲストをもてなす家具や調度品、食事、庄内の豊かな食材は、すべて自給可能だった。

一説によると当時の自給豊かな環境が、現代の産業基盤の遅れとなったという見方さえできた。乱暴な表現を用いれば、あまりの豊かさゆえに、産業面の振興に力を注がなくても生活は安定していたとも言えた(11)。

社交の場ではホスト側の人間も着飾り、双方が優雅なひと時を過ごした。「舞娘さん」（舞妓さんではない）がいて、街全体を連ねた、伝統的なメディア文化があった。舞妓さんブームにゆれた数年前の京都、舞妓さんの日常はアイドル並みに注目された。舞妓にあこがれ祇園を訪ねる少女たちも増加した。兵庫の宝塚歌劇団も長くその位置にある。そして酒田舞娘も同じような華麗さをもつ。酒田のお雛人形はその地域の少女文化を象徴するモデル。メディア文化の世界はいつも華やかである。

近代から現代でもその流れは受け継がれてきた。「複合型映画館」で楽しみ、「コーヒー喫茶」で語る。いまでは、アナログ的生活様式に重なる部分にもなっているようだ。しかし文学的モチーフにみられるようなこうしたモデルから連想されるものこそ、いずれも長く酒田を代表とする文化の一つひとつだ。

シネマ・コンプレックスはもはや映画館の代名詞となった。酒田にはそのスタイルの映画館

(11) 第一次産業に従事していれば生活に困ることのない豊かな土壌。ほかの産業に目を向ける必要がなかった。

があった。カフェ環境はチェーン化されたあらたな空間として人気も定着している。酒田の喫茶店は全国有数だった。レストランのバリエーションも広がり、メニューもお洒落な表記によって、そこにいるだけで豊かな時間さえ味わうことができた。今日のようなフレンチやイタリアンなどともてはやされる前の一九七〇年代に、地元の食材を前面に出した、酒田のフレンチレストランは、全国にその名を高めた(12)。

トレンドな領域すべてがメディア文化として露出されている姿を今日、認知しないではいられない。酒田の街は、いま注目されている、こんな伝統モデルの数々の源流がみられる地域なのだ。

第2節　洋画専門館「グリーン・ハウス」の存在

1　映画はエンターテインメントの中心だった

◇娯楽の王様は「映画」だった

一九三〇年代当時、アメリカでは娯楽の王様であった映画。映画産業にみる興行の数々は、巨大なメディア環境をつくりだしてきた。映画は大人に限らず、一〇代そこそこの子どもから若者までをとりこにしてきた。その映画からもっとも影響を受けているのが若者である。映画は大人だけに向けられているものではない。子どもたちの思考や行動に与える効果は大きい(13)。

---

(12) 本格的フランス料理店、「欅」(一九六七年一二月一日開店)と「ル・ポットフー」(一九七三年九月一日開店)の営業。

(13) Blumer, H., 1933, *Movies and Conduct*, The Macmillan Company.

日本での映画興行も一九六〇年代から盛んになってきた。洋画の輸入も増加した。娯楽の王様としての映画は日本でもピークを迎えた。日本映画の銀幕スターから、ハリウッドのスターまで全盛期の映画産業がもたらしたスタイルは圧巻だった。映画にかかわるポスターやブロマイド、映画雑誌の創刊、当時のプレミアムグッズが高値を呼んでいる昨今、いかに映画がメディアの中心に位置していたかをしることもできる。

一九七〇年代に入りテレビ勢力は大多数の人びとをとりこにしていった。それでもスクリーンに映し出される映像からの感激は、テレビとの差別化を可能にしていた。テレビドラマやアニメを劇場版にしたものを鑑賞するのもまた楽しかった。大都市と違い地方都市はチャンネル数も限られており、映画環境がカバーしていた部分も多い。

◇市街地に集中していた歴史的な映画館

酒田で娯楽の王様に位置していた映画を上映するエリアは、中心市街地にある中町商店街界隈（たくみ通り）に集中していた。日本映画の人気は劇場の歴史とも関係していた。酒田の映画環境は抜群だった。全国でもまれにみるエンターテインメント環境の街であった。

とくに東北一の劇場と呼ばれていた「港座」は、一八八七（明治二〇）年に開館し、二〇〇一年の閉館まで全国の映画ファンを集めていた。[14] 一〇〇〇人を収容できる港座は、三階建てに分かれた客席をもっていた。東宝系の作品を主流にし、夏休みには中高生向けにアイドル路線の作品も上映していた。酒田大火の影響を免れた港座も、一九七八年には大改装をてがけた。大ホールを分割し、劇場は、大中小の三スクリーンとして再出発した。二〇〇一年一月に港座が閉館し、酒田市内の映画館はすべて姿を消した。[15]

---

(14)「〝東北一の劇場〟に幕」『山形新聞』二〇〇一年一二月一九日付朝刊。

(15)「幕下ろす酒田港座（上）」『山形新聞』二〇〇二年一月一四日付朝刊。

日本映画路線の人情モノを代表に固定客をつかんでいた東映系の「中央座」も有名だった。大人の作品を上映しながらも、〝東映まんがまつり〟上映時の子ども向けイベントに長蛇の列は、いまなお記憶に新しい。一九六〇年代、酒田の夏の絵日記のひとコマにもなった。大映系の「酒田大映」での怪談幽霊や妖怪モノ、怪獣映画上映では子どもたちが主流だった。また洋画も多く上映した「シバタ劇場」では、ウォルト・ディズニー作品の公開もあった。後に成人映画中心になったものの、こじんまりとした館内は地方の映画館らしさを併せ持っていた。昭和のかおりを漂わせた日活作品をあつかう「日活映画」は老舗百貨店清水屋（旧店舗）の斜め正面に立っていた。鉄腕アトムのプレミアムグッズのネガシートが懐かしい。

◇メディア文化の街を形成する洋画の繁栄

テレビの普及がものすごい速度で進んでいった一九六〇年代。映画産業の隆盛は一九七〇年代に入り、ある種の結論に達した。観客動員数の減少はそれと比例する形であらわれていった。それでも一九七〇年代は、歴史に残る大作・名作をかかげた作品の上映は続いていた。日本映画の危機が叫ばれながらも、洋画作品の人気と充実度は若者を中心に一層拡大していった。

アラン・ドロン、チャールズ・ブロンソン、ロバート・レッドフォード、ジュリアーノ・ジェンマ、洋画界のスターたちは当時の人気だった。洋画作品も、『おもいでの夏』（一九七一年）、『追憶』（一九七三年）、『アメリカン・グラフィティ』（一九七三年）、『華麗なるギャツビー』（一九七五年）などは、ハリウッドとニューシネマが絡み合い洋画人気を高めていった。多くの若者たちは洋画作品に影響を受け、チラシやプレスシート、映画グッズにトレンドを見出した。

一九七〇年代の洋画のラインアップをもっとも象徴しているのが、東京・有楽町界隈だった。

大作やスペクタル映画を上映する「有楽座」、女性映画や文芸作品は「みゆき座」、甘いラブロマンスの「スカラ座」、西部劇やアクションの「日比谷映画」、映画雑誌で最初の紹介する上映作品情報は、必ずこれらの映画館がトップだった。当時のロードショー公開を知るには最適だった。若者が集まる場所に洋画専門館の存在があった(16)。その時々のファッションの中心的な場所にもなった。

2 メディア文化の街のシンボル「グリーン・ハウス」

◇洋画専門館「グリーン・ハウス」

映画館らしくない映画館があった。酒田の中心市街地中町商店街に、「柳小路」という雑貨や飲食店、鮮魚店、天ぷら、惣菜店などが並ぶマーケット街があった。そこに向かい合うように立っていた洋画専門館のグリーン・ハウス。外見にみる映画の看板とスチール写真の装飾は結構インパクトがあった。しかし並びの文房具店の倉庫の古ぼけた壁によってごく普通の地方都市の映画館というイメージにしかみられなかったのも事実(17)。

ところが看板をくぐり映画館の入り口に入った瞬間、様相は変わった。美しいインテリアの数々、ショーウィンドウに飾られたレディス用の高級カバンやバックの類が両脇に陳列されている。まさに百貨店そのものであった。中学生や高校生などはそれだけで退いてしまうほど大人の空間だった。通路の両脇を埋めたこの空間は「緑館コーナー」と呼ばれていた。

両サイドにあるこのコーナーを通り過ぎるとようやく入場券を購入する回転ドアの入り口が

(16) 東京・有楽町界隈にあった東宝系グループの洋画専門劇場として君臨していた。当時のロードショーのラインアップはここを基準としていた。

(17) 本書の表紙カバーを参照。

見えた。「ご観覧券売場」という切符売場である。映画パンフレット、チラシ、映画関係グッズが販売されているショーケースが見える。その左奥がロビーであった。

切符売場から反対の右手方向に、「緑館茶房」というカウンターの喫茶室があり、映画鑑賞とは別にコーヒーだけでも楽しめる空間になっていた。一九七〇年代までの酒田は、喫茶店もかなり普及していた。緑館茶房で使用されるコーヒー豆は、東京虎の門コーヒー卸店「コクテール堂」の特選豆を取り寄せていることから、市内の喫茶店ではこの豆がブームになったとの逸話も残っている。(18)

◇複合型映画館のさきがけ

いまでこそ映画館の代名詞となったシネマ・コンプレックス（複合型映画施設・通称シネコン）は、一九七〇年代にその姿をみることができた。柳小路マーケット沿いにあったグリーン・ハウスがそれである。開館したのは一九四九（昭和二四）年のことであった。

グリーン・ハウスの最大の目玉は、館内に併設する名画座にあった。観覧券売場の右側の階段を上った二階にある「シネ・サロン」と呼ばれた名画座施設。シネ・サロンは、定員一〇名（補助席プラス二）の完全予約制の映画鑑賞室であり、一九六二年から上映が開始されていた。一週間単位で名画を上映し、月に最大四作品を鑑賞することが可能だった。料金は開設時で大人一四〇円、学生一〇〇円、その後一九七六年当時で、大人二〇〇円、学生一五〇円という低料金だった。安い入場料金のゆえに気に入った作品の上映期間は連日シネ・サロンに通うこともできた。とくに定員一〇名とはいえ、補助席の活用をしっていた観客は、ほぼ名画を見逃すことはなかった。(19)

---

(18) 岡田芳郎、二〇〇〇年、『酒田っ子―世界一の映画館をつくり日本一のメートル・ド・テル（フランス料理店亭主）といわれた男―』非売品、二八ページ。

(19) シネ・サロンの上映開始時間は、毎日、午後一時。家事の落ち着いた主婦やサラリーマンの休憩時間に合わせることもできた。

通常のロードショー上映、名画座シアター併設、ショッピングエリア、喫茶室などの完備、また二階には別に特産品コーナーもあり、グリーン・ハウスがシネコンのさきがけと呼ばれる環境が整っていた。

◇メディアが伝えた「グリーン・ハウス」

複合的メディア環境をもつグリーン・ハウスを全国的に有名にしたのはマス・メディアの報道であった。映画評論家の淀川長治氏が週刊誌上で述べた、「あれは、おそらく世界一の映画館ですよ」の言葉に込められていた。[20]

その記事内容を象徴する見出しには、「山形県酒田市に結んだ一つの実験」とあった。理由は、単に映画を観るためではなく、劇場に足を運ぶことを念頭においた映画館づくりを指してのことである。一般席、二階指定席、喫煙席、特別席など観客の嗜好に沿った鑑賞環境の充実は、全国に類をみないものであった。週刊誌の記事の最後に記載されている、当時の映画会社の営業次長のコメント、「映画館はデラックスな設備にならなければウソだと思う。そうすることで、ファンがふえてゆく。グリーン・ハウスのような映画館は大事にしないといけないし、この型の映画館がふえてゆくのを期待します」、そして記者の文末にある「グリーン・ハウスは、これからの映画館のありかたを示してはいないだろうか」という言葉には、いま主流のシネコンを予見していた当時のグリーン・ハウスの偉大さをあらためて感じた。[21]

また、映画雑誌では、映画評論家の荻昌弘氏が連載記事「ぼくのムービーランド」で、絶賛したことも有名であった。[22] ＮＨＫ総合テレビでも二度にわたって全国放映された。シネ・サロンにおけるＮＨＫの取材時にはたまたま高校生だった著者も対象となり、その映像が全国の電

---

(20)『週刊朝日』一九六三年一〇月四日号、三八ページ。

(21) 同上誌、三九ページ。

(22)「ぼくのムービーランド37」『ロードショー』(集英社) 一九八〇年二月号、二〇二ページ。

波に乗ったのは、グリーン・ハウスの一つの想い出である。
グリーン・ハウスが何度かマス・メディアによって紹介されたことは、いつしか酒田市までも、デラックスな映画館のある街として注目された。経済効果以上に、日本海の地方都市に存在したメディア文化の街は、その後も映画関係者の語り草となっていった。

第3節　首都圏と酒田のタイムラグを解消したメディア文化

1　「グリーン・ハウス」の特徴

◇「グリーン・ハウス」の魅力

シネコンのさきがけというめずらしさに、ただグリーン・ハウスを位置づけるのではない。グリーン・ハウスが取り組んだ観客へのサービスは、映画館の域を超えるものであったことに注目したい。マスコミの特集記事にあった、「港町の〝世界一デラックス〟映画館」の言葉に象徴される中身に惹かれたのだ(23)。

何がデラックスかというと、第一に、館内には一切の広告がないこと。確かに座席カバーにも広告はなかったように記憶している。上映前のスライド広告もなく、カーテンなどにも記載はない。そのためか後に東京の映画館でロードショーが上映される前にスライド広告が延々と流された時には本当に驚いた。早く映画を映してくれと心のなかで叫んでいたほど長く感じた。

(23)『週刊朝日』前掲誌、一三八—一三九ページ。

第二に、ロビーで無料のお茶のサービスを受けたこと。ロビーにはお茶の道具一式、ポットには熱いお湯がつめてあった。ロビーには当日の新聞や雑誌のサービスなども常備され、サラリーマンの息抜きにも利用されていた。

第三は、いわずと知れた、館内に併設されたシネ・サロンの存在のこと。

第四は、上映したい作品はグリーン・ハウス自館で決めていたこと。

第五は、上映開始直前のカウントダウンになる「ムーンナイト・セレナーデ」の曲がかかること。待ちに待った映画をみる気持ちをより高揚させた。曲とともにカーテンが開き、スクリーンに映し出される瞬間の胸の高なりは忘れることができない。

第六は、観客の嗜好に合わせるように、喫煙室での鑑賞ができたこと。喫煙の緩やかな当時でさえ、劇場などの公共施設は禁煙が当たり前だった。グリーン・ハウスは違っていた。分煙機能が備わっていた喫煙室。驚きだった。二階の一般席とはガラス壁で仕切られていた。テーブル付の応接設備のソファーで、お茶の道具一式も準備されていた。一般席が満員で、一度だけ、著者がここで鑑賞したことがある。スタッフが特別に用意してくれた。この時だけは禁煙になっていた。本格的にグリーン・ハウスデビューした中学一年生の時であった。上映作品は、イギリス映画『小さな恋のメロディ』だった。

第七は、特別室（洋風・和風）が設置され、家族や友人どうしで映画を楽しむことができる環境が備わっていたこと。二階右側にある洋室の特別室は応接間のようなイス式。左側の和室特別室は、座椅子と座布団が用意されていた。著者はなかをのぞいたことがあったが、ホテルの一室のように思えた。

最後に、上映作品ごとのパンフレットと、月間予定表が無料で配布されていた。この予定表がまたお洒落なこと。

グリーン・ハウスの特徴の数々を振り返ってみた。観客の希望に沿うような映画作品のラインアップを中心に、映画館へ足を運ぶことを最大の目的にしている、グリーン・ハウスの魅力はここにあった。

◇「グリーン・ハウスニュース（予定表）」と「GREEN YEARS（パンフレット）」

観客へのサービスは、館内施設だけではなかった。翌月の上映作品リストと日程、作品の写真を掲載し、解説を施した通常A四判の四分の一サイズ二つ折、大作時には三分の一サイズ三つ折になる無料の予定表があった。表紙は上映作品のポスターが印刷され、裏表紙には次回上映作品の解説つきラインアップ。お洒落なデザインは中高生のあいだでも人気だった。つねに生徒手帳に挟み込んでいた。

毎回の上映作品を解説したパンフレットは入場券と引き換えに半券と一緒に渡された。B五判変形三つ折で、表紙は上映映画のポスターとスチール写真、内面はあらすじと解説が記載されていた。次期上映作品の広告も掲載され、予定表とパンフレットはどちらも映画好きにはコレクションの一つになった。

◇観客へのサービスとスタッフの距離

一映画館とは思えない多様な施設、緑館コーナー、緑館茶房、観覧券売場などは、ローテーションを組んだスタッフが担当するシステムになっていた。それだけにキャリア豊富な従業員をかかえることが重要だった。グリーン・ハウスのスタッフの半分は既婚だった。結婚しても退職させないシステムが功を奏していた。(24) 観覧券売り場にいた女性スタッフが、別の日には、コーヒーを入れていた光景はよくあった。中学生だった著者には、担当部署がよく代わる従業員をみて最初は不思議な気がしていた。

観客へのサービスもスタッフが直接対応した。その典型が切符売り場によくあるガラス越しの接客でなかったことだ。百貨店にみるスタッフの対応そのものであった。切符売り場と呼ばず、ご観覧券売場としているのがそれをものがたっていた。

女性の社会的進出という事情に応えた就業環境の他に、ビジネス的にも先を見越す戦略に長けていた。洋画ブームに乗った一九七〇年代とはいえ、映画産業の厳しい時期に、安定した営業成績をあげていたグリーン・ハウス。市内の他の映画館より三割も高い入場料でも一番の興行収入を維持していた。やはり観客にとって魅力のある映画館であったことは間違いない。

2 東京と酒田のメディア環境が同一に

◇東京—酒田同時ロードショー

街角にあるグリーン・ハウスのポスターや予定表には、「東京—酒田同時ロードショー公開」の文字をみることが多かった。主要な作品のロードショー公開封切日時は必ず東京と一緒だった。ロードショー上映においては大都市と酒田のタイムラグが存在しないことを確証した瞬間だった。当時の若者にとってこの時間的距離が並んだ意味は大きい。洋画を観る速度が首都圏と同じであることは、精神的な優位性として以後今日まで続いていった。

(24)『週刊朝日』前掲誌、四〇ページ。

山形県内のメディア事情はチャンネル数でも大都市に水を空けられていた。NHK以外、民放は、日本テレビ系列とU局でフジテレビ系列が入ったばかり。東京放送やテレビ朝日系列の放映は一部クロスネットのみ。それも時間をずらされリアルタイムでの受信は不可能に近かった。当時のドラマやアニメなどは、数年前にBSやCSなどの再放送によって知った作品も多い。地方都市のメディア事情は遅れていた。

グリーン・ハウスでの東京―酒田同時ロードショー公開の重みはいまでも感じている。映画を媒体としたメディア文化の街の伝統はこのような環境にみることもできた。そしてただ鑑賞だけではなく、関連グッズも入手できたことは、グリーン・ハウスがリアルな場所の証明にもなった。

◇自館で上映作品を決める

同時ロードショーこそグリーン・ハウスのオリジナリティである。大都市のロードショー館に対抗するように封切り映画を、地方都市の映画館で上映することが可能な理由を知るには、グリーン・ハウスの歴史をたどることが必要となる。

一九四九（昭和二四）年のグリーン・ハウス開館から二年後の一九五一（昭和二六）年、対日講和条約が調印され、セントラル映画社（CEPE）の解体が決まった。それを受けて、MGM、ユニバーサル、パラマウント、二〇世紀FOX、コロンビアなどアメリカの映画会社メジャー一〇社が日本支社を設立する。日本はアメリカ映画にとって重要なマーケットになりつつあった。

グリーン・ハウスは、欧米各国の映画をつぎつぎに上映したが、とくにアメリカ映画のうち、

MGM、ワーナーブラザース、RKO、二〇世紀FOX、パラマウント、ユナイテッド（松竹洋画部配給）、セルズニック映画（東宝洋画部配給）の七社の作品はすべて上映する契約を結んだという(25)。

自館で上映したい時に、好きなだけラインアップできた。シネ・サロンで名画座的な上映ができたのも、そんな事情があったからこそである。映画はいい環境で、いい気分で観るものだというグリーン・ハウスの方針は、的確だった。市内の映画館と比較して、二割方高い入場料を徴収しても、いい作品と豪華な環境のグリーン・ハウスに人は集まった。洋画人気を差し引いても、入館する価値はあった。結果的に、東北の地方都市にあるグリーン・ハウスが東京同時ロードショーを実現できたのもグリーン・ハウスのビジネス的感覚に優れている点にあることは疑いない。

◇「グリーン・ハウス」的環境が構築させたメディア文化

アメリカ映画やヨーロッパの映画がリアルタイムで鑑賞できる。ラインアップから話題の洋画を探ることもできる。さまざまな映画グッズを手に取ることもできる。地方にいながらにして、首都圏、さらに世界の映画作品を味わうことができる。そんな空間は若者のあこがれでもあった。入場券が高額なことも、より高級感漂う魅力を増長させた。「グリーン・ハウスで洋画を観てきたという行為」は、周囲に対するある種の優越感を得るにも最適だった。

テレビが全盛期のなかで、映画産業の衰退がささやかれながらも洋画を中心とした酒田のメディア文化は人びとを魅了した。コミュニケーション・メディアが未発達の時代に、地元にいてもいま話題の洋画を観ることができる。鑑賞前後に語る映画の話題は、そこからたくさんの

(25) 岡田芳郎、前掲書、一八ページ。

メディア的ネットワークを広げていった。グリーン・ハウスを媒体に拡大したメディア環境は、そこに住む人びとの生活様式や行動様式にも影響を与えていった。

第4節　一九七〇年代に培ったメディア環境

1　「グリーン・ハウス」がもたらした文化

◇「グリーン・ハウス」が発信した文化

多彩なメディア環境をもち、複合型施設を楽しむことができる洋画専門館。そんなグリーン・ハウスは、非日常的な空間でもあった。中高生だった著者は、学校帰りに立ち寄ったスポットとしてグリーン・ハウスを活用していたが、成人した大人たちにとっては少し勝手が違っていた。とくに若い女性たちはお洒落をして出かけていた。単に映画を観に行くというだけではない。グリーン・ハウスの前後に立ち寄るお店にも関係していた。当時の市内には、百貨店が二つ、全国有数といわれた喫茶店、ショッピングにも食事にも十分過ぎた。日常を離れて余暇時間を満喫する非日常的なエリアが広がっていた。(26)

映画館といえばシネコン的な施設をもつ劇場が主流になった昨今、それが一九六三年には、酒田市に誕生していたことに驚きを隠せない。映画館に出かけるだけでたくさんの欲求が充足される。当時はそれが日常的で、何ら不思議な意識はなかった。映画鑑賞の意味が単に映画だ

(26)　酒田市の中心商店街中町は、東北地方有数の商店街エリアであった。教養から娯楽、趣味の世界までをカバーした。直線距離にして約八〇〇メートルの店構えは多くの人びとを誘い込んだ。

けを観ると考えられていた時代に、グリーン・ハウスのような施設を経験することで培った文化、その文化のなかで育った人びと。その感性は、歳を重ねても色あせることはなかった。むしろどんどん冴えていった。

◇「グリーン・ハウス」から影響を受けた人びと

感受性に富んだ一〇代から二〇代、時代は一九六〇年代から一九七〇年代、グリーン・ハウスによって味わったメディア文化という世界。つねに身近で映画を楽しみ、スクリーンから広がった数々のモデル、大都市とタイムラグのない映画の世界から得たものは自信となり、その後の生活にも影響を与えていった。二〇〇〇年に入ったいまでも、メディア文化の世界をみる視点は新鮮である。若い時に体験したそうした環境は、誰に否定されるものではないからである。

いまでは、グリーン・ハウスの話題も封印され、多くは記憶のなかに閉ざされてしまった。それでもグリーン・ハウスをテーマにしながら当時を省みる人びとも多い。酒田の文化施設におけるイベントには必ず顔を出して、グリーン・ハウス的コミュニケーションを楽しんでいる。酒田から上京し、メディア関係に従事している人も多い。必ずといっていいほどグリーン・ハウス世代の人たちである。グリーン・ハウスがもたらした文化はいまでも新鮮だ。著者も、二〇〇二年からグリーン・ハウスを複数のメディアで取り上げるようになった。そろそろ封印を解いて、文化的な再生産を図ってもいいのではないか。その選択は、グリーン・ハウス世代の人びとが、台頭してきたことと無縁ではないように思う。

2　特殊な時代だった一九七〇年代

◇一九七〇年代という時間

人びとの生活にようやくゆとりを見出すことを可能にした一九七〇年代。自分の時間、自分の好きなことに時間を費やす余裕の生まれた時代。積極的な消費行動が社会的・経済的にも表出され、あらたなコンテンツも多数登場していった。メディア文化の開花した時代でもあった。

流行や時代の潮流となるトレンドと呼ばれるモデルの多くは、一九六〇年代に登場し、一九七〇年代に完成したとみる。それは一九八〇年代にピークを迎え、一九九〇年代には分化しはじめた。そして二〇〇〇年代、これらのモデルはより複雑に分化しながら浮遊を続けている。[27] メディア文化を語る意味で、〝すべては一九七〇年代からはじまった〟と考えることは重要だ。

カバー曲が全盛になり、リメイクされた作品が映画、ドラマに限らずメディアそのものを覆っているいま。あらたなコンテンツの想像より、かつての完成度の高いモデルを再編成し、今日的スタイルに沿うように再提示する。メディア文化のほとんどはこのような傾向に走っている。解釈は多様にできる。あたらしいモデルをつくる資質がなくなったからなのか、過去のモデルが優れていたからなのか、一概に断定できない。しかし、〝黄金の七〇年代〟という響きには納得するものがある。メディア文化の原型が完成した時期として。

◇一九七〇年代にすべてを放った「グリーン・ハウス」

映画鑑賞には最高の環境を考えた。一九五四年四月には、「クックS型」を直輸入、当時こ

---

(27) 仲川秀樹、前掲書、五二ページ。

のレンズを設置した映画館は、東京・大阪にわずか二〜三を数えるのみ、東北地方ではグリーン・ハウスだけだった。(28)レンズの新設とともに音響効果、音の立体感を強める作業は続いた。採算を度外視した形で、映画環境の快適さを求めた。この努力は人から人へのネットワークにより、東京の専門家の耳にも入った。映画関係者が、東北の港町を訪れる理由も、実際に自分の目で、最高のステージを確かめてみたかった。この気持ちに尽きた。再三にわたりメディアに露出するようになったグリーン・ハウス。話題もより高まった。洋画関係者の評価もある。最高の環境で映画鑑賞する。一九七〇年代、洋画も全盛期の頃にそれを味わうことができた。酒田の人びとは幸せだった。

メディア文化の萌芽を一九七〇年代にみる。メディア環境のベースを完成させたのもこの時代であった。それに応えるかのようにグリーン・ハウスはこの時代にすべてを放った。完成された映画の上映、全世界とのタイムラグを解消させるリアルタイムでの上映、そこに集う観客を最高の環境のなかで招いた。映写機、スクリーンの質、座席、鑑賞前後の快適性ある館内環境、最高の映画鑑賞に絶え得るアメニティのすべてを注ぎ込んだグリーン・ハウス。

グリーン・ハウスニュースとGREEN　YEARSの充実。広報活動にも積極的で、メディアへの露出はなおも続いていった。東北の港町の〝世界一デラックス映画館〟というコピーとともにそれはより進化を遂げるであろうと、映画を愛する地元の誰もが信じていた。グリーン・ハウスの不滅性を。

(28) 岡田芳郎、前掲書、一七ページ。

〈参考文献〉

・鈴木　広、一九七八年、『都市化の社会学』誠信書房
・鈴木　広、一九七〇年、『都市的世界』誠信書房
・倉沢　進、一九六八年、『日本の都市社会』福村出版
・蓮見音彦・奥田道大編、一九八〇年、『地域社会論─住民生活と地域組織─』有斐閣
・ソローキン・ツインマーマン（京野正樹訳）一九四〇年、『都市と農村─その人口交流─』巌南堂書店
・富永健一、一九九五年、『社会学講義─人と社会の学─』中公新書
・富永健一、一九九七年、『環境と情報の社会学─社会環境と文化環境─』日科技連出版社
・仲川秀樹、二〇〇五年、『メディア文化の街とアイドル─酒田中町商店街「グリーン・ハウス」「SHIP」から中心市街地活性化へ─』学陽書房
・露木　茂・仲川秀樹、二〇〇四年、『マス・コミュニケーション論─マス・メディアの総合的視点─』学文社
・仲川秀樹、一九九九年、「H・ブルーマーの初期実証研究にみるマス・メディアの子どもへの影響─映画のおよぼす影響と効果─」『社会学論叢第一三五号』日本大学社会学会
・岡田芳郎、二〇〇〇年、『酒田っ子─世界一の映画館をつくり日本一のメートル・ド・テル（フランス料理店亭主）といわれた男』非売品

第2章 酒田大火とメディア文化の街

第1節　一九七六年一〇月二九日

1　一九七六年の酒田大火

◇「グリーン・ハウス」から出火

最後の上映作品は、アメリカ映画『グリーンドア』だった。成人指定映画のために高校生の著者は入場できなかった。同時上映された『愛のコリーダ』とともに最後の映画をグリーン・ハウスで鑑賞することはできなかった。(1)

『グリーンドア』上映開始後、午後五時三五分頃、映写機のランプが消えた。記録では、一九七六年一〇月二九日（金）午後五時四〇分頃、「グリーン・ハウス」から出火、最大瞬間風速二六メートルを超えた西南西の風によって、翌朝、午前五時に鎮火するまで

（1）グリーン・ハウスの予定表には次回上映作のラインアップがあったが幻となった。

の一一時間燃え続けた。酒田市の市街地である中町商店街を中心に延焼し、消失一七七四棟、消失区域二二・五ヘクタールに上った。原因は本屋西側と映写室の一部を含む天井裏付近と推測された(2)。

グリーン・ハウスが火元になった衝撃はあまりにも大きすぎた。グリーン・ハウス、中町商店街、酒田のメディア文化を担ったシンボルは一瞬にして消えてしまった。大火は一九七〇年代という時間さえも消してしまった。華やかだったメディア文化の象徴は、またたくまに沈黙の対象となった。

「多くの酒田市民は、『グリーン・ハウス』で培ったなつかしい、うれしい思い出を封印した(3)」。まったくそのとおりだった。そうしなければならなかった。もはや公にグリーン・ハウスを語ることはできなかった。それでも、〝グリーン・ハウス「ふたたび」〟の夢は、大火直後からいまもなお、著者は抱き続けてきた。

この日から酒田は酒田でなくなった。一連の想い入れは、高校卒業後三〇年間、本書『もう一つの地域社会論』の論点そのものを温め続けてきたことに示される。地域社会の問題、商店街の問題、いまの酒田が抱えているあらゆる問題と課題は、ここからはじまっていた。一九七六年を原点にしないで、酒田の街を語ることはできない。

◇酒田大火から三〇年、いま「グリーン・ハウス」を取り上げた

当時、高校三年生だった著者にとってグリーン・ハウスはかけがえのない場所だった。酒田大火の当日、中町の風下にあった実家では緊急用品のみをカバンに詰め、避難に備えていた。いまでもその時を鮮明に覚えている。真っ先に整理したのは、旺文社の『大学受験ラジオ講座

(2)『酒田市大火の記録と復興への道』一九七八年、酒田市発行。

(3) 岡田芳郎、二〇〇〇年、『酒田っ子―世界一の映画館をつくり日本一のメートル・ド・テル(フランス料理店亭主)といわれた男―』非売品、三二ページ。

テキスト』、「写真のネガ一式」、そして「グリーン・ハウス関係の資料」だった。受験生だった著者にとってテキストを詰めたのは自然だったが、それ以上に大切なものが、グリーン・ハウスの予定表とパンフレットだった。将来にわたり青春時代の記憶としてかけがえのないものと、当時の危機的状況のなかで、感じていたのは印象的だった。

いまでもグリーン・ハウスを取り上げることに、デリケートな部分が多いことも事実である。しかし、本テーマにおいて、メディア文化の街を語るには、グリーン・ハウスを抜きには不可能であった。(4)

本書では、酒田大火の当時の人間模様や災害状況などを振り返ることは一切行わない。大火記録に関してはすでに見事な記録集も刊行されているし、大火後も、さまざまな角度から大火の検証、まちづくり、経済効果などの会合は重ねられている。それを超えた酒田大火の研究は個人には困難である。というより研究意図が社会学的立場に立っているから、役割も異なる。

むしろ酒田大火から三〇年、グリーン・ハウスという洋画専門館のもたらした地域性、メディア文化の街の構造を築いた文化的側面の理解につとめた。時間的経緯のなかで、酒田はどのような街として進化してきたのだろう。それとも厳しい現状を打破できないで、時間だけが過ぎてしまったのだろうか。本書は、とにかく地域社会をテーマにした、社会学的な視点による学術的な研究スタイルを貫いていくことを念頭においた。

(4) 仲川秀樹、二〇〇五年、『メディア文化の街とアイドル—酒田中町商店街「グリーン・ハウス」「SHIP」から中心市街地活性化へ—』学陽書房、四六ページ。

2　酒田の街はどこへ

◇「中町商店街」が一夜にして消えた

酒田市の中心市街地に位置し、もっとも人が集まる繁華街だった通称「中町商店街」は、一九六〇年代には、二つの百貨店をかかげ、ファッションルートとヒストリックルートの交差する東北でも有数のマーケット街であった(5)。

さらに東西に長く連なる中町商店街にクロスして南北五〇〇メートル以上にわたって展開しているのが、「柳小路マーケット」であった。アメ横を彷彿させるようなたたずまいのお店が、最盛期の一九六〇年代には九〇軒近くあった。食料品、衣料、雑貨というように生活必需品はなんでも揃っていた(6)。トタン屋根にいまでも吹き飛びそうな小屋のような造りは、魚のにおいや、生臭さもあり、中高生の著者には関心がほとんどなかった。柳小路の前を通過するときは一気に自転車を走らせていた。ただ不思議だったのは、関心がないのに、必ず目を向ける場所が三つあった。一つは、バケツに入った生きたドジョウ。二つは、壺焼き釜のやきいも。三つは、稲荷寿司とのり巻き。ドジョウは毎日売っていた。いくらでもつかまえられる小川もあった。壺焼きはめずらしかった。壷のなかで焼いているのだ。あの形は柳小路そのもののシンボルになった。

酒田は、いまでも稲荷寿司とのり巻きをセットにして売っている老舗の専門店がある。その大きいこと。庄内米をふんだんに使い、お稲荷さんの厚く大きいこと(7)。ゴマときざんだ紅しょうが外側にまぶされている。あの甘さはほかでは真似できない。二〇〇三年フィールドワークで酒田に到着した日の夕食は、その稲荷寿司とのり巻き詰め合わせだった。学生たちからかな

---

(5)　本書、第5章第2節を参照。

(6)　仲川秀樹、二〇〇二年、「フィードバック、柳小路マーケット」『庄内小僧一〇月号』コミュニティ新聞社、四一ページ。

(7)　酒田市日吉町にある濱寿司の寿司折り詰め弁当(三〇〇～四〇〇円)は、市内の小中学校PTAからスポーツイベントまで広く利用されている。稲荷三個、のり巻き二個が基本だった。

り好評だったのは記憶に新しい。酒田に入った最初の夜は、やはり庄内米を食べてもらいたかった。地元の食を知ってもらうことも文化への理解だ。

一つのエリアに雰囲気の異なったマーケットが入り、お洒落も雑貨も、多様なルートを楽しむことができるそんな商店街であった。休息するには十分すぎる数の喫茶店も営業し、休日には周辺町村から大挙して、お洒落をした買い物客が訪れた。もじどおり中町は娯楽の中心であった。

日常、非日常の両面をカバーしている中町商店街という場所は、地元市民にとってなくてはならない機能的な空間であった。その場所が一夜にして消えてしまったということ。その衝撃は、いまなお消えることはない。酒田市民にとって、当時も後世においても、大きな大きな損失となった。三〇年が経過したいまなお大火を引きずっている。

◇映画館も消えた

大火の出火元となったグリーン・ハウスは、責任をとり、その跡地すべてを市に寄付した。一切の映画産業からも撤退した。酒田市民の多くも、グリーン・ハウスを愛した多くの映画人たちも、その決定に口を挟むことはできなかった。皆が沈黙してそれを受け入れた。火元の重みはあまりにも大きすぎた。その時点でグリーン・ハウスは「記憶にとどめておくだけ」のものとなった。そして三〇年が過ぎ去った。

二〇〇一年に日本映画の拠点、港座が閉館して、一〇万人が住む地方都市に一館の映画館もなくなった。かつてのメディア文化を発信続けてきた街も、歴史の流れのなかでそれを食い止めることはできなかった。いつしか映画館のない街は当たり前になっていった。それに比例する形で中町の賑わいもなくなり、若者は中町商店街を捨ててしまった。

それでいいのか、とつぶやきながらも、それが共通の意見のようになり、中町が見捨てられるようになった。中町には、一時を懐かしむ人びとの街のようなラベルが貼られてしまった。

果たしてそれが真実の中心商店街なのだろうか。その疑問を検証すべく、著者たちは、二〇〇三年と二〇〇五年、二度にわたり地元の高校生を対象にヒアリングを試みた(8)。酒田の活性化のために必要なことの問いかけに、最初に返ってきたのが、中町に映画館をつくることであった。若者の本心にメディア環境があることを、いまもむかしも変わってないことを、確認した。映画館が消えたこの街に何が必要なことなのかをまずつかんだ。同時に、中町を知らず、ただ自分たちが必要としているお店がないだけで、中町には何もない、中町は寂れているという固定観念だけが浸透し続けていた。大人たちは「懐かしむだけの町」、若者は「何もない、楽しくない町」と、中町商店街はステレオタイプで語られる場所になってしまった(9)。

◇一九七六年以降、酒田の街はどこえ

酒田大火で中町商店街が焼失しなかったら、いまでもここは賑わっていただろう、というそんな仮説が成り立たないことは十分承知している。わかっていても外部帰属化した欲求はおさまることをしらない。社会学を専門とする立場で仮説の一人歩きが問題なのはわかっていても……である。

全国各地で問題になって久しい中心市街地衰退の流れは、大火との関係性からも説得力は薄い。しかし商店街側の体力を考えた場合、大火さえなければ、一九七〇年代以降の中心市街地衰退に対して何らかの対策を打ち出す余力は、まだ中町商店街にはあっただろう。大火復興に

(8) 本書、第4章のフィールドワークを参照。

(9) 中心商店街に映画館があれば出かける。高校生の多くは映画館の必要性を説いた。

かかった経費と時間はあまりにも重く店主たちにのしかかってしまった(10)。一九八〇年代の社会構造は市街地を求めてはいなかった。その変動過程も、中心商店街には一層の向かい風になったのだ。

物質面以上に、一番のつらさは感情面でのこと。何より焼失したことで甦らない、古さや懐かしさからかもし出す、歴史的情緒あるかつての酒田。古ぼけたアーケード街でもいい、サッシ戸ではない木造のつくりでもよかった。火事で失わなかったなら、それらを生かす手はずも考えられた。すべての可能性を消去するにはあまりにも過酷過ぎた一九七六年の出来事。ベストを尽くして再建に向けて、取り組んだものの限界は仕方のないことである。

第2節　酒田が酒田でなくなった

1　あの「中町商店街」ではない

◇酒田復興とともに商店街の面影が消えていく

一九七八年五月、「酒田市大火復興宣言」がなされた。中心市街地の被災商店数二四三戸のうち、二一〇戸の開店をみて、復興率が八六・四％に達していた(11)。大火から二年後のことである。復興は予想以上の早さだった。全国からの援助物質、国と県の予算が集中的に復興に費やされた。この時点で確かにそれはよいことであった。しかしその反動は後に、国や県の市に対する

(10) 本書、第6章、商店主のインタビュー参照。

(11) 『酒田市制施行70周年記念・写真でみる酒田市史―昭和〜平成版―』二〇〇三年、酒田市発行、一〇六ページ。

行政の予算配分の厳しい現実としてあらわれることになる。いつまでも酒田にばかりフォローすることはできない。まだまだ援助を必要としている市町村は多い。

大火の翌年、一九七七年春に著者は高校を卒業した。四月に上京してからの二年間は空白になった。中町にはグリーン・ハウスもない、毎日のように通ったレコード店も書店もかつてのたたずまいを失った。帰省しこの場所に立つと、何か異郷の地をさまよう感覚に陥ってしまった。ノスタルジックに酒田の街を考えれば、さみしさが増してくる。しかし現実は、東北の地方都市に似つかわしくない美しく清潔過ぎる景観がそびえ立っていることにある。商店街のよさを象徴する日常がない。何か落ち着かない。その理由は、二〇〇五年のフィールドワークでやっと気がついた(12)。

もう一つのよさだった休日にみる非日常がない。これでいいのだろうか、二年前まであった賑わいは消え、閑散とした商店街、各店舗。昭和の様相を漂わせた雰囲気はない。日常、非日常を使い分けていた街、それが中町商店街だったのに。もはや中高生の青春前期を過ごした街ではないことを痛感した。酒田が酒田でなくなったことを実感した時である。

◇確かに美しい街並みに

商店街の中心にリニューアルした老舗の百貨店がそびえ、周辺のアーケードは路面も歩きやすく美しい街並みが完成した。いたる場所に公園も設置され、大火の教訓が生かされているまちづくりに思えた。新築された店舗、歩行者専用のショッピングモール、中央にはモニュメント、いかにも美しさとお洒落さを感じさせる環境に仕上がった。あとはこの空間にたくさんの市民が集まり買い物を楽しんでくれれば言うことはない。

---

(12) 二〇〇五年フィールドワークで発見。居場所がないことを。

現実はまったく違った。美しい環境が目の前に存在しても人がいない。かつての顧客だった年配者の姿も少ない。どうしたというのだ。これにはわけがあった。それは完全なまでに整備された風景に原因があった。美しいが〝居場所〟がないのだ。中町にきても落ち着く空間がないのだ。それは大都市周辺の駅前にリニューアルされたエリアでも同じような光景をみることができる。著名な建築家によるデザイン、シンボルとなるモニュメントが並び、芸術的空間のように思える。しかし完全なまでに整備された空間に人は立ち寄ろうとしない。ローカル・コミュニケーションが成立しない(13)。完璧すぎる整備が逆に中町商店街を殺風景な姿に映し出しただけの場所にしてしまった。

いまでもそうだ。中央部分で話し込んでいる人はいない。モニュメント前でもない。立ち話をし、グループで集まるのは、百貨店前や中町モールの端部分である。高校生などは、アイスクリームやジェラート屋さん前、主婦はスーパーの前という具合に、人が集まりやすいのはどこにでもある日常の延長上にある場所なのだ(14)。

2　市街地を捨てる苦悩

◇中町商店街を捨てた

かつての商店街ではない。美しすぎる環境が逆に親しみを消してしまった。大火後の商店街界隈。中高生の頃、自転車で立ち寄った店は確かに再現された。しかし場所も建物も変わった。郷愁のみに傾斜するのは問題であることを十分に認識しながらも、やはり当時の懐かしさを想

(13) 第一次的な関係をもった親密なコミュニケーション。

(14) 日常的な日と非日常な日における感性の選択に目を向ける。

いながら買い物をしてしまう。人間関係的な部分を要求する。買い物をするだけの目的でここに来るのではない。つねにあたらしい日々が繰り返されるなか、数日前から遠い日のことを回想しながらの人間的なやりとりも楽しみになる。店主やスタッフとの関係が成立するのが、ローカル・コミュニケーションのある地域商店街なのだ。

一九七九年の夏を最後に、これまで大切にしていた想いも捨て、幼い頃から高校生までを過ごしたファッション・スポット中町商店街に足を運ぶことはなくなった。味気ない商店街として、本来の魅力は失われてしまった。それは二〇〇三年一月まで二〇年以上も続いた。

◇「人がいない」の代名詞になった

あそこは人がいない。駐車場もなく不便だから。中町には行かない。会う人、会う人に共通する言葉になった。大火以降、人が集まらなくなった。行政が悪い、商店街店主もあきらめている。時代の流れのせいにして、最後はすべてを酒田大火と行政の都市計画失敗に投げかけることで満足してきた。そんな帰属処理的思考によって中町は語られ続けていった。

中町に出かけることが時代に逆行しているかのように、中町商店街は、「人がいない」の代名詞になってしまった。今日の高校生さえ、「中町には何もないし、人もいない」というステレオタイプによってたとえられている。(15)

事実、そうなのか、中町には人がいないのか、それは大きな誤りであることに気がつく。内と外の区別を市民の多くは理解しているのであろうか。外を歩いている人がいないことをお客がいないと決めつけている。内をみよう、店内をみてみよう。人はいるのだ。(16)大都市の混雑した映像をイメージしているのでは無意味なことだ。確かに人の流れが交差して賑わう商店街と

---

(15) 正確な検証や根拠なしに、擬似環境をイメージ化した固定観念の蔓延。

(16) 仲川秀樹、二〇〇四年、「地方都市活性化の試みと世代間にみる影響の流れ―酒田・中町商店街活性化のプロジェクト意識をめぐって―」『二〇〇三文理学部研究費研究成果報告書』日本大学。

比較したら、中町は閑散としている。平日と休日の格差が異様に高い中町[17]。特定の選択基準で商店街を分析することは得策ではない。多くの人びとは、真実の商店街を知らない。だからこそ、中町には人がいないと思い込んでいるのだ。

◇救いは老舗とブランド

中町に人はいないと思い込んでいる人びとは、中町に来ない人でもある。酒田の階層構造を分析すれば明確である[18]。階層の理解は、地方都市にも生活格差の波が浸透していることを知るだろう。老舗ブランドを利用する人びとが限定されていることも。

中町商店街を利用する人びとは、贈答用の商品を購入する割合も高い。外部へのアナウンスメントに用いられる〝中町効果〟は、健在である[19]。中町の老舗の包装紙に重みをもつブランド効果は大きい。

テレビドラマなどで使用される中町商店街界隈は、格好のロケーションエリアだった[20]。東西に伸びるこのルートは数多くの見せ場を演出するには十分である。ドラマに限らず紀行番組で紹介されるスポットは市街地に集中している。酒田の歴史を知り、最大のウリである料亭文化、庄内地方特有の食材を使った食文化を提供する老舗は全国でも有名である。

和食も洋食も、創作料理も、中心市街地に伝統が溢れかえっている。この現実を理解し、利用する人のみが救いとなっている。階層がある程度定まってきたこともつけ加えておきたい。それはまた中町商店街が特定の階層へシフトしていく前提にもなっていた。「商店街の進化」、一つのポイントである[21]。

一九八〇年代から酒田の階層が分化されるきざしは確かにあらわれている。この時代から、

---

(17) 瞬間映像的に中町を判断している。

(18) 仲川秀樹、前掲書、二五九ページ。

(19) ブランド効果の機能。

(20) ○西部警察PartⅢ「走る災‼酒田大追跡—酒田編—」一九八三年一〇月一六日OA。テレビ朝日。○「小京都ミステリー・みちのく酒田殺人事件」一九九四年七月一九日OA。日本テレビ。

(21) セレブ的条件をもつ人びとをターゲット。

ブランド至上主義も全国に拡大し、〝バブル、バブル〟の言葉が連日メディアを賑わし、人びとのトレンドになった。その意識は地方都市にも広がった。問題は対象とした商品モデルを購入するにはどこに出かければよいのか、小規模な店舗でブランド品はあつかえない。あるのは百貨店のテナントである。場所は、中町商店街にある老舗百貨店である。ここが酒田の階層分化に歯車をかけることになった。もう一度言うと、「商店街の進化」のポイントはここにある。(22)

第3節　中心市街地から郊外型社会へ

1　バイパス沿い店舗の賑わい

◇復興都市計画の功罪

歴史的な酒田大火の惨事を教訓とした都市計画は重要なことだ。火災の拡大を防ぐことが大前提となり、防災都市づくりが優先されたことを否定することはできない。酒田の場合、論点は、将来の交通量増大にともなう幹線道路の整備、近代的で魅力ある商店街形成の二点に収斂される。

都市計画は結果的に、中心市街地に全幅三二メートル道路、焼け跡地に整備された歩行者専用道路（モール）、東西約四二〇メートルの商店街「中町モール」「たくみモール」を整備した。(23)さらに市街地のなかに公園を多数設置することで、避難場所の機能や、火災の拡大を阻止する

(22)　中心商店街の位置づけを特定階層に絞った場合の消費行動の中身を検証。階層構造と属性に注目。

(23)　「酒田大火二五年目の検証（下）」『山形新聞』二〇〇一年一〇月二九日付朝刊。

空間としての役割をもたせる試みなど、復興都市計画は順調のようにみえた。

大きなポイントを再考すると、災害を防ぐことを前提とした計画は、酒田の伝統より、商店街を訪れる客より、二次災害回避に全力が注がれたことは自明の理である。ところが伝統と利便性のはざまのなかで、かつての商店街の機能は充足されない。批判の矛先はこの点に絞られてしまう。災害優先の結果、忘れかけたものはなんだったのか。先走りすぎたものはなんだったのか。それは、新しく復興した商店街で失われたものを指している。それこそ市民にソッポを向かれた〝精神的居場所〟だった。

◇地方にもあらたなモータリゼーション

首都圏のようにＪＲや私鉄各線が網の目のように交通ネットワークを形成しているのとはわけが違う地方都市。交通の主流は、車である。各家庭に成人した家族の数だけの車を保有している現状は何をものがたるのか。モータリゼーションの意味として、地方都市では生活にかかわる交通網（交通手段）そのものがあげられる。

モータリゼーションのあらたな波は、中心市街地そのものを襲うことになる。復興都市計画の論点にあった商店街のモールは、車社会を機能不全に陥れた。車を乗り入れることのできないモールは、商店街の客足の伸び悩みに直面する事態となった。それから一一年後の一九九〇年、たくみ通りは全線、中通りは、清水屋前を除く、三四〇メートル区間が一方通行での乗り入れをおこなった。(24)

車、駐車場、それに対応できなかった中町商店街。災害後のまちづくりに優先された行政論理、つまり災害が生じた場合、このような処置を今回の都市計画でしましたよという大義名分

(24)「酒田大火二五年目の検証（下）」同上紙。

的な要因が強かったという結果論である。

誰がよいとかわるいとかの次元ではない。このような事態（大火）後は、どこでも起こり得る可能性がある。むしろこうした経緯を念頭におくことで現状を乗り越える方法も明らかになることもある。二〇〇六年のいま、大火後三〇年、再考するもっとも有効な対象であることは間違いない。

ただ、モータリゼーションを履き違えると混乱する要因をつくってしまう。一九九〇年、たくみ通りは前線乗り入れにした。ところが最近は、中町モールにも車を乗り入れられるようにしたらという意見も見受けられる。しかしそうだろうか、たくみモールと中町モールの意味合い、機能的側面ではまったく役割は異なっている。酒田の街は車も走りやすい。どの方向からも目的地に到達できる。中町モールをわざわざ乗り入れして何のメリットがあろう。中町モールの多目的空間は、単にイベント会場で使用されるだけではない。ベンチが用意され、休憩をする人、立ち止まり、話をし、用事を済ます。中町商店街にある唯一の「とりあえず」の空間になっている。客観的に機能を考えず、短絡的にこの空間を撤去した場合のデメリットは計り知れない。フィールドワークで指摘された重要な論点の一つ。とくに高齢者も若者も車を気にせず、リラックスして戯れる場所が中町モールである。(25)

◇人の流れはバイパス沿いへ

一九八〇年代、景気高揚の流れは、積極的な消費行動へと移っていく。大量に消費するためにはまとめ買いが必要となっていく。一ヶ所ですべての商品が揃い、一括清算が可能なショッピングモールやショッピングセンターは魅力であり。駐車場も広い、荷物もまとめることがで

(25) 復興都市計画の結論は、大火直後の商店街をめぐる問題と三〇年経過したいま、比較検討する必要。

きる。利便性の流れはそれに応える環境を用意したバイパス沿いの大型店へと消費者を導いていった。

酒田の街にこの流れを加速させるようなインフラも整った。一九八五年、国道七号線沿いバイパスの四車線化が完成した。週末ごとに多くの市民はバイパス沿いの大型店舗をハシゴしていった。広大な駐車場の一部を利用しての多彩なイベントに家族連れの客で賑わった。店内にはファーストフードの飲食店や遊戯施設という複合的な消費エリアが満載し、そこにいるだけで余暇を満たすには十分だった。(26)

国道七号線沿いに連なる大型店は、何も酒田だけではない。首都圏のバイパス沿いにも同じような光景をみる。並んでいる店舗もみな全国展開をしているチェーン店であることから模倣的郊外型ショップと呼ぶのがふさわしい。バブル全盛とはいえ、大量消費は、高額商品の購入を意味しているのではないことに注意したい。安価商品、ディスカウント商品を消費する層の広いことは、必ずしもバブル現象とは相容れない部分であることも承知しておかないといけない。地方都市活性化の問題との関連性を正確に読み取ることができなくなる恐れもある。

実際、全国いたる所のバイパス周辺に立地する模倣的郊外型ショップの客層をみれば明らかだろう。階層分化を示す指針がここに隠されている。商店街だってそうだ、伝統的商店街とファッション・ストリート系商店街、さらにテーマパーク的商店街とは区別しなくてはならない。(27)大都市にあるファッション・ストリート系商店街は、もはや一つの観光スポット。それにテーマパーク的商店街も増えた。すべてが同じ機能を果たす商店街として一括しているのではない。

---

(26)『酒田市市制70周年記念・写真でみる酒田市史―昭和〜平成版―』二〇〇三年、酒田市、一一八ページ。

(27)仲川秀樹、前掲書、六三ページ。

2 流れは郊外型社会

◇直接的な影響を受けた中心市街地

全国的にも都心を離れ郊外へ移動する家族、企業、大学もこの時代はピークを迎えていた。手狭な都心の有効活用、大学は教養課程（一～二年次）を郊外に移し、専門課程（三～四年次）を都心に残した。教養課程は運動施設などのスペースを広く確保できるし、専門課程は就職活動など都心の利便性を考えた。企業も自社ビルや、工場関係は経費的にも郊外が最適だった。不動産物件の価格と自然環境を考慮し、郊外へ邸宅をもつ家族も増加していた。それにともない交通ネットワークも変わっていく。首都圏だけではない、人の流れはあらたな郊外型社会が地方都市にも浸透してきたことを告げた。

これまで酒田市内のマーケット環境は、大きく中町商店街エリア、駅前エリア、七号線バイパスエリアに分化されていた。一九八五年の七号線バイパス開通の流れによってもっとも影響を受けたのは、中町商店街であった。多くの酒田市民は、中町には車で出かけるものではないという認識で一致していた。中町に行っても駐車場がないということが主な理由であった。

実際、お祭りでもない限り、中町には十分な駐車場スペースが確保されているにもかかわらず、市民は、立体式やパーキングビルは好まない。それに徒歩数分の駐車場も避ける傾向が強い。あくまでも店舗前にあるスペースに駐車するという大原則がある。この原則はいまでも不変であることに驚かされる。(28) 車が一人一台所有の地方都市ならではの価値観は簡単には変えられない。

---

(28) ドアツードアの原則が徹底している。

◇〝とりあえず〟の空間選択

週末、休日という余暇時間に費やされる場所を考えたい。庄内地方に位置する酒田は、日本海と鳥海山に囲まれた田園地帯である。気晴らしのドライブから趣味のアウトドアまで範囲は広い。大都市の住民からは羨ましがられる自然環境、しかし地元民はつねに特定の選択をしているわけではない。県外からの家族や観光客、意外と地元民が少ない場合もある。

一般に余暇に友人や家族と過ごす先はどこにあるのかを考えたい。その時点に直面してから目的を考えることの多いのも事実、明確な行き先が確定していない時、人びとの先にあるのは〝とりあえず〟という選択である。

このとりあえずは重要な選択肢になる。行き先が市内であることはまず少ない。市街地から離れて、周辺を走る。目につくのはバイパス沿いにかかる大型店、とりあえずそこに行けば何かがある。その先はそこで考えよう。何かの催し物にでもぶつかるであろう。子どもも大人も時間を処理する条件がそこには揃っているから。

一九八〇年代から二〇〇〇年代にかけて、このとりあえず空間選択は、もっともリスクの少ない余暇時間の過ごし方になった。とりあえず空間の先が一ヶ所に集中する結果になったら、商店街どころか市街地の消費エリアはすべて壊滅的な打撃を受けることになるだろう。このとりあえず空間の選択にこそ、中心市街地、地域商店街の未来がかかっている。「とりあえず問題」を避けてはとおれないし、本書の大きな課題になっていることをここで確認しておきたい。

◇「とりあえず空間」への一極集中

避けてはとおれない「とりあえず問題」。二〇〇五年も終わりに近づいた一一月、三川町ショッピングセンターにまた一つ大型店が加わった。みるみる膨れ上がった三川消費エリア。庄内の中核という地理上の位置を効果的に活用した三川。文化の異なる酒田と鶴岡のあいだをぬって、これまでは行政面で漁夫の利を獲得していたが、いまや娯楽や消費行動の面でも優位な位置を確保した。両市周辺を含めた〝とりあえず〟選択による訪問者数は、酒田市の消費エリア三ヶ所分はカバーしているだろう。

三川町の年間商品販売額（小売業）は、ショッピングセンター開設前の一九九九年で、約三九億円。開店後の二〇〇二年には、約一〇八億円。二〇〇四年は、約一二五億円と、三倍以上の増加となった。それに対して、酒田市は、一九九九年で、約一三四一億円。二〇〇四年には、約一一四七億円と確実に減少している(29)。

この数字以上に問題なのは、両者のイメージである。高校生たちの意見は、必要な商品が揃う。商品が新しい。欲しい商品がない。商品が古い。デメリットの部分はすべて中心商店街に跳ね返る計算だ。イメージは、さまなざまなコミュニケーション・ネットワークによって拡大し、実際の消費効果以上の格差を生んだ。

◇郊外型店舗とネオ郊外型店舗、そして市街地中心商店街

大火復興した一九八〇年代から一九九〇年代前半、日本は景気高揚から景気暴落の一〇年間をたどった。その時を経て、酒田市の将来を占う機会のはじまりとなる二〇〇〇年代。これまで酒田市内の消費エリアは、三極化の様相にあった。酒田駅前の大型店舗「ジャスコ酒田駅前店」、「ダイエー酒田店」、「庄交モール」を核として一定の集客能力を維持してきた駅前周辺。しかしジャスコ酒田駅前店が撤退してから一〇年近く、二〇〇五年には「ダイエー酒田店」も

---

(29)「集中―大規模SC、三川地域経済への影響は？(上)」『山形新聞』二〇〇五年一一月一九日付朝刊を参照。

撤退により、一挙に駅前は空洞化を余儀なくされた。そのさみしい光景から酒田を訪れた誰もが一〇万都市の駅前には思えないとため息をつく。(30)

一九九四年にリニューアルして新しく発足した中町商店街中核にある老舗百貨店「通称・清水屋」（中合清水屋店）は、一九五〇年の組織変更、そして一九七八年復興事業のモデルを経ての再登場となった。清水屋は、かつては山形県でも有数、庄内を代表する酒田市の百貨店として君臨し、市街地にあるもう一つの百貨店「小袖屋」とともに賑わいの中心にあった。まさに一九九〇年代、時をあらたに姿を変えた真打の登場となった。

同じ年の年末近い一一月には、バイパス沿い郊外型店舗のシンボルとなる、「ジャスコ酒田南店」が開店した。一六〇〇台の収容能力を誇る大駐車場が完備された。県外市外から七号線、山形自動車道酒田インター下車、バイパスから両羽橋をわたり「ようこそ酒田」の表示とともに目に入るジャスコ酒田南店は、中心市街地関係者にとって最大の脅威となるマンモスショッピングエリアの誕生となった。

そして翌一九九五年春に、市内ゆたか町にオープンしたショッピングセンター通称〝ロックタウン〟。七号線バイパス沿いに比べて市内にも近く、ディスカウントストアーを中心とした量販店は、価格破壊の時流に乗って賑わいをみせた。イオン系の「マックス・バリュー」などが入り同じジャスコとの棲み分けも完了した、ネオ郊外型店舗の登場である。(31)

ゆたか町地域は、駅前を抜いてあらたな三極化による商業圏の誕生となった。そこはまた大型遊戯施設（ギャンブル）もともなう街並みにもなった。

(30) 二〇〇三年に酒田市で開催された社会学関係の全国学会大会に参加した人びとの共通意見。

(31) ロックタウンエリアと周辺エリアに連なる店舗が相乗効果を発揮した。

第4節　メディア文化のかおり

1　枯渇する文化的空間

◇「癒し」ブームのなかで

「癒し」というモデルがブームとなった二〇〇〇年代初頭。老若男女を問わず、人びとは疲れ果てていた。小学生の子どもだって、大量のノルマをかかえて息もつけない。余暇時間が休息や気晴らしでなくなった反面、自分のための時間、家族のための時間が人びとをある種のオブセッション的状況へと追い込むことになってしまった。

休みの時は、どこへ出かけようか。これまでのようにショッピングモールにいけば確かに何かがある。大型店舗、大型遊戯施設、確かに生活上の物質充足には事欠かない。しかしいつまでもその繰り返しには欠けている何かがあることに気がついてくる。何かとは、精神的な満足である。休日にはここに行ったという義務感が優先し、小学生の夏休みの絵日記を書くための材料収集的な責務というドグマに陥っているように思えてしまう。表現は乱暴だが余暇の満足が時間の浪費になってはいないか、そんな危惧を抱いて仕方がない。生産的な余暇の消費とは何かをあらためて考えてしまう。

世間は癒しブームの真最中、癒しがトレンドになっている背景には、日常生活上、それが必要となる事情が潜んでいる。たとえば、酒田にはそれに応える癒し空間はあるのだろうか。大量消費的な余暇の過ごし方に満足する人だけではない。大型ショッピングセンターに行けば一日楽しく過ごせる。そんな声を拾った記事があった(32)。なるほど一ヶ所ですべてが処理できる、便利だし楽しいだろう。それを毎週繰り返すのだろうか。しかし何かが足りない、何かが抜けている。どこかでその想いを持ちながらも時は過ぎていった。それでも二〇〇〇年代後半、酒田はより一層と大型店に食われながら、感情浄化のできない地域として、人びとは浮遊している状態だ。

◇文化的環境の衰退

「癒し」と「やすらぎ」、言葉は違っても時代のなかで精神的な充足度をみるにはいずれもふさわしい表現である。かつての余暇の概念にみる「自己実現」の意味が、逆にどんどん個人にプレッシャーをかけるような事態を招いている(33)。無駄にすごせない、時間を有効に使わなくては、何かしなくてはならないという強迫観念が個人や一般社会にも蔓延している。

自然に気の向くままに、何かにすがってみたい、大人も子どもも大量のノルマをかかえている時だからこそ、癒されたい、やすらぎを求めたい、そんな気持ちが芽ばえてくる。

一九九〇年代後半の女子高生文化にはそれが顕著にあらわれた。集団ごとにみる共通のグッズや振るまい、アドレス帳とメールアドレスの交換、名前が列記されていることに安心感を覚えた時代。大人の潜在的にある意識を彼女たちが代弁してくれたようなブームだった(34)。

ショッピングも楽しい、屋根つきの広いモールを歩きながら、その時々のイベントに参加する、どこからともなく大勢の客が集まり、目的なく歩いている。癒しややすらぎを求めるどこ

---

(32) 注29を参照。

(33) 自己実現の逆機能。

(34) 仲川秀樹、二〇〇二年、『サブカルチャー社会学』学陽書房、一二三ページ。

ろではない。人工の空間に集められ、主催者側の思惑どおり進行していく。気がついたときには、「〜に出かけて、〜してきた」という義務感のみ浮かび上がる。主体的な余暇の行為から生じる満足度は皆無に近い。ダラダラと自宅で無駄な時間を過ごすことに、自分は休日に他人と同じように過ごしてはいない。仲間はずれにならないために翻弄する。いまも昔も変わらない大多数の人びとの心理である。(35)

本来、そんなときに満足させてくれるのが文化的環境そのものではないか。趣味や興味は違えども、自己の感受性を高めてくれる環境になると信じている。

◇「とりあえず」の映画館、「市街地」の劇場

文化的環境のなかで酒田市内に皆無なのは映画館である。東北一の劇場と言われた港座が二〇〇一年一月に閉館してから、酒田では映画館という施設は姿を消した。理由は、酒田と鶴岡の中間地点にある三川町ショッピングセンター内に誕生したシネコンによるものが大きい。

三川町は歴史的にも、酒田市と鶴岡市という庄内地方最大の一〇万都市の中間に位置しているという立地条件が幸いし、両市のバランスを維持した庄内支庁を代表とする山形県の行政施設も多い。両市の客を狙ったイオンショッピングセンターは山形県内でも最大級の面積を誇る。三川は恵まれている町であった。そのため三川町は、とりあえずの空間にもっとも適した時間的距離にある。ドライブがてらまず三川に行ってみよう。「それから考えよう」的に余暇時間を過ごす人は多い。

映画を観る楽しみも大事、食事をしたり買い物をしたりアフタータイムを周辺で過ごすことに付帯的な満足感も増してくる。利便性の浸透している社会に沿っていけば、三川町のような

---

(35) 共有世界の有意味化。

エリアに集まるのは自然なことである。だからわざわざ酒田市内に映画館は必要ないという論理に反論はできない。

しかし、とりあえずに逆らった施設が唯一市内に完成した。大議論の末、二〇〇四年、酒田市民会館「希望ホール」がオープンした[36]。場所は酒田市役所に隣接し、中心市街地そのものにある。立地的には申し分なく、週末の利用者は一年先まで予約でいっぱいという。コンサートありショーあり、演奏会あり、エンターテインメントの凝縮するエリアとなった。市役所裏の新井田川沿い、山居倉庫向かいに二つの大型駐車場も整備された。希望ホール利用の有無にかかわらず、市役所の駐車場とあわせ、一般市民に無料開放している。とりあえずに逆行した市街地の完成した劇場は、中町商店街との相乗効果を占う重要な要素として注目度は増している。

◇両環境の相違

営業的・興行的レベルでの見方をすれば、民間施設と公共施設のため、両者を比較することはまったく無意味だろう。ただ映画館のない一〇万都市に、シアター的なホール施設が中心市街地にある意味は重い。希望ホールの催事時間に集う人びとはメディア文化的空間を楽しみにしている。イベントが終了すれば観客は市街地に出かける可能性は高い。

希望ホールゲート付近に表示される各種のイベントポスター、告知チラシ、華やかである。小さくてもメディア文化の凝縮された場所に思える。芸術的な関心ある人以外にも目は向く。市民が散歩がてら、イベントニュースをみる、そんな空間がもっと酒田には必要である。

逆に希望ホールが郊外に設置された場合は、イベントのために出かけ、それだけで帰ってしまう。三川のような機能とは別問題のように思える。三川に設置されたシネコンの場合、複合

(36) 七月三日開館。一二八七席、約七〇〇平方メートル。市民会館の建設場所をめぐり、市街地か郊外かで激論が重ねられた。

型施設という言葉に見合う機能を要求するために人びとは集う[37]。

したがって施設の性格、環境、両者のバランスを取り入れた方向性の分析をしないで、場所の解決にはならない。市街地と郊外をめぐる議論は、それぞれに見合った対象モデルを比較しながら進めていくことで違った視点も生まれてくる。これを大事にしたい。

いま必要なのは、映画だけを観たい。ロードショーだけではなく名画をスクリーンでみたい。かつての日本映画、洋画の大作に親しんだ階層の人びとを満足させること。規模は小さくても映画を劇場でみたい。そうした欲求に応えることにある。どうしてもここにシフトしてしまう。

2　メディア文化のかおり「ふたたび」

◇メディア文化的環境

希望ホールが市街地のメディア文化のシンボル的存在になってきた。市内にはもう一つ、酒田市総合文化センターという施設がある[38]。小学校跡地に建てられた文化センターは、名のとおり文化的イベントの中心地である。学校関係、地域の行事、展覧会、展示会、市の文化行政施設も入り、もじどおり市民に開放された空間である。大ホールでのコンサートなどは格安で市民の人気も高い。

二〇〇六年の三月に文化センターの中ホールで、アイドルプロジェクトのホールライブが開催された。このホールでこのようなイベントをみるのは二度目である。二年前の八月には、日本映画の名作上映、そして今回のライブ。いずれのイベントも申し分ない環境のなかで終了し

(37) 一つのイベントのためか、複数の目的も同時に果たすのか、機能的要件充足の意味が両エリアでは異なる。

(38) 酒田市の文化芸術活動の拠点。図書館・中小会議室のほか、定員四二五名の中ホールを完備、映画上映からライブ開催まで幅広い使用が可能。

た。観客席の座り心地、ステージまでの距離。音響効果など中規模シアターとして十分にやっていける。定期的な上映は難しいのか。個人が主催者になり、手続きをふんでのレベルなのだろうが。

文化ホールと希望ホール、中心市街地に位置している両施設の存在意味そのものを考える。歴史的な伝統文化も残り、港のみえる公園もあり、文学の跡もあり、博物館的環境がそろう。そこに立地されている両ホール、偶然ではない。メディア文化を発信する場所は中心市街地という証明でもある。

メディア文化の街「酒田」の歴史からすれば、これに小規模でもいい映画館が備われば、すべての文化的条件はカバーされる。しかし願望や観念論では何も先に進まない。もう一度、一つひとつの課題を明らかにしていかなくてはならない。

その前に、両施設のイベント内容を地元の人びとは認知しているのであろうか。

◇インフォメーション環境

酒田市内、周辺町村におけるメディア文化的イベントの告知は誰がどのように行っているのか。市の広報、主催者側のチラシやポスターなどは、あることはある。しかしいずれも個別にアナウンス先も曖昧なままの広報活動だ。もっとも重要なことは各種のイベントを全市的に案内することである。

二〇〇六年七月に、中町商店街にメディア・インフォメーションサービスの場所が完成した。(39)酒田中町にあたらしい形のプレイガイド兼情報発信場所の誕生となった。毎月のイベント情報として、希望ホール・文化ホールに限らず、写真展・絵画展、ＰＴＡ行事など幅広く、詳細に

(39)　酒田中町商店街中心部に、七月オープンした、プレイガイドインフォメーションショップ「ＨＵＢ—１＆２」。

内容をカバーし、発信している。こんなにイベントがあった、今度参加してみようと、広報・PR活動の重要性をものがたるサービスとなった。毎月各家庭に折り込み広告として配達されるイベント情報。より詳細な移動は、インターネットで検索できる。メディア・インフォメーション環境の重要性を垣間みた思いがした。

認知活動の必要性は増加している。情報環境の充実というのは、コンテンツの紹介いかんにかかわる。内容の善し悪し以前に、インターネットなりホームページ（HP）などで、公開される条件がもっとも効果的だ。ツーリストが立ち寄り先を確保する場合、インターネット検索が手っ取り早く、そこで結論を出すことは多い。

相手に知らせ、注意を惹き、記憶に残させ、行動に移す。一連の受容過程分析でも明らかなように、PR・広報活動の影響は大である。(40)

◇酒田大火から三〇年、あらたなメディア予定表

メディア・インフォメーション効果は、毎月の予定表とHPによって告知されている。アナログ、デジタルどちらの環境にいても酒田市内の情報をキャッチすることができる。このようなイベント情報は、三〇年前の酒田大火で焼失したグリーン・ハウスで毎月発行していたロードショー予定表を思い出させる。(41) 毎月の発行を心待ちにグリーン・ハウスに通っていた頃を…。

メディア文化のかおりが消えた酒田の街に、あらたなメディア予定表として市民に伝われば、文化的なライフ・スタイルを待ち望んでいる人びとの糧となるだろう。望んでいる人の多くは、各種の文化的イベントに参加する人びとに比例する。ショッピングセンターを楽しみにしている人、希望ホールでイベントに参加する人。両者に共通する人びとは否定できない。しかし一

---

(40) ネット社会を象徴するかのように市内周辺地域のイベントの数々（大ホール有料イベントから小中学校のプライベートイベントまで）をカバーし、ほとんどをインターネット配信。

(41) 本書、第1章第3節を参照。

方向に傾斜した現実から、酒田の文化環境はいかに不利益をこうむっているかをしる人は少ない。いまの状況に慣れ、当たり前になっている、これほど悲しいことはない。

時間は確実に流れ、ふたたび一九七〇年代の〝よさ〟を待望している人びとに、何かを提供することができればもう一つの地域活性化につながってくる。酒田の街に備わったメディア文化という伝統、それを守り、維持するとともに、そのコンテンツを広くインフォメーションする場所は不可欠である。市民の誰でもが目にし、キャッチすることができる、認知し、興味を示し、行動に移す、この過程を伝えることの重要性をあらためて考えてみよう。

◇メディア文化の街の復活

歴史的にメディア文化の豊富な街だった酒田。時代の変動とともに、メディア文化のかおりは姿を消しつつあった。しかし伝統の強さは、そこに根ざした生活様式が潜在的にそこに住む人びとに内在し続けてきた。京文化、華麗なモデル、豊かな食材、西廻り航路によってもたらされた多様な文化[42]。それを生活に取り入れ、意識の高揚となって培われてきた酒田の文化こそ、メディア文化であった。

娯楽性に優れ、トレンドなスタイルを表出し、新規なモデルに興味を示す、それに応えるかのような街、そんな街の復活にかけるプロジェクトが進行していた。プロジェクトは複数の方向性を示しながら進んでいった。それは酒田に根ざした伝統的文化をいまの若者の関心を象徴する現代的文化である。現代的文化とは、娯楽性の高い路線でもある。当然、大きなリスクをかかえての船出にもなる。

メディア文化の街の復活をかけて、取り組まれたプロジェクトの実際、その影響と効果を探

(42) 貿易の中継基地による文化の流入。主に京文化の影響を受ける。

りながら、酒田の街をみてみたい。まずはトピックになった一つのプロジェクトを具体的に取り上げてみる。

〈参考文献〉

・富永健一、一九九〇年、『日本の近代化と社会変動』講談社
・伊奈正人、一九九五年、『若者文化のフィールドワーク―もう一つの地域文化を求めて―』勁草書房
・Dumazedier, J. 1962, *Vers une Civili du Loisir?*, Editions du Seuil.（中島　巌訳『余暇文明へ向かって』東京創元社、一九七二年）
・仲川秀樹、二〇〇五年、『メディア文化の街とアイドル―酒田中町商店街「グリーン・ハウス」「SHIP」から中心市街地活性化へ―』学陽書房
・仲川秀樹、二〇〇二年、『サブカルチャー社会学』学陽書房
・『酒田市市制70周年記念・写真でみる酒田市史―昭和～平成版―』二〇〇三年、酒田市
・『酒田市大火の記録と復興への道』一九七八年、酒田市

第3章 地域商店街活性化へ向けた一つの試み

第1節　メディア文化的プロジェクトの開始

1　強いインパルスの新聞記事

◇山形新聞の記事から受けた衝撃

中町商店街を捨てて、二〇年以上が過ぎた二〇〇三年初春、いつものように一日遅れで届く山形新聞を大学で読んだ。二〇〇三年一月一〇日付『山形新聞』朝刊だった。紙面の途中、「〝SHIP〟グッズ続々―酒田・中町商店街―」という見出しが目に入った。中町商店街でプロデュースされたアイドルグループの記事だった。ものすごい衝撃だった。酒田で、中町でアイドルをデビューさせたこと自体、まったく知る術もなかった。中町には何の魅力もなくなったと言い聞かせて久しかった著者にとって、それは当然のことだった。

「これだ、メディア文化の街の復活は」と、興奮気味に叫び、すぐに大学から酒田の担当者に連絡を入れた。電話の先には、アイドルプロジェクトの中心的存在、地元商店街専務理事の声があった(1)。大変温かく快く著者の視点を受け入れてくれた。ふたたび、中町商店街に帰った瞬間だった。そして著者の研究領域に地域社会論が加わることになった。

◇記事の内容

新聞紙面には、商店街発アイドルグループにちなんだ新商品やグッズが詳しく紹介されていた。昭和を象徴する飲料水であったサイダーは、山形の味、パインサイダーであった(2)。漬物屋の商品もあった。一〇種類を超えるグッズは、酒田と中町、地域性と伝統文化が重なり合ったメディア文化の対象にふさわしいモデルの登場に思えた。

地域社会の特徴をプレゼンテーションするには、そこに根ざした伝統的なモデルのよさを表出させるのが大原則である。伝統を現代にいかに取り込み、いまの社会システムに適応させる努力にこそ、今日のまちおこしの是非がかかっている。伝統にアイドルグッズをリンクさせた試みは、多方面に多くの話題を提供させることになった。

反面、アイドルは好き嫌いがはっきりあらわれる。アイドルの企画には多大なリスクもともなう。つねに批判を抱えながらのプロジェクト発信になったことは言うまでもない(3)。

◇新聞記事からはじまったメディア文化的研究

このプロジェクトの発信で、いっきょに著者の関心は酒田中町商店街へ回帰された。地域活性化の問題は、社会学でも地域社会学や産業社会学などの領域でもあつかわれている大きな

---

(1) 本書、第7章で登場する、商店街キーパーソン。

(2) 本来、サイダーは昭和を代表する飲料水。山形県にはサイダー製造業者も数多く、酒田では丸善サイダーが代表的だった。パイナップル味は当時のウリだった。数年前に別メーカーの復刻版も登場、「なつかしい山形の味」がコピーになっている。

(3) 仲川秀樹、二〇〇五年、『メディア文化の街とアイドル—酒田中町商店街「グリーン・ハウス」「SHIP」から中心市街地活性化へ—』学陽書房、一九八—一九九ページ。

テーマである。身近に感じ、研究しやすい対象であるようにみえても、簡単に接近できない理由も多かった。その地域を知らないで地域研究なんて言語道断でもあった。

しかし自分の出身地、それも毎日通い続けた商店街、グリーン・ハウスのあった街。否が応でも気持ちの高ぶりを抑えることはできなかった。素直に研究に着手することができた。幸いにも地域関係者の献身的な協力は序文に記したとおりでもあった。

商店街アイドルの知識は皆無であり、ましてアイドルを専門とする立場にはない人間として、最初に思い描いたのは、なぜ商店街アイドルが誕生したかにあった。これは社会学における構造・機能・変動論的に考えた場合の基本的な視点にあるもので、社会学のグランドセオリーの一つである社会システム論的アプローチを用いることができる。(4)

中町商店街発アイドルは、一言で、メディア文化的環境が構造的に根づいていた街だからこそ誕生したという仮説となった。研究はこの仮説を一つひとつ検証する形で進められた。そしてふたたび三〇年前のグリーン・ハウスにもどることになった。グリーン・ハウスが酒田の人びとにおよぼしたメディア文化のベースを探るためである。

2　メディア環境によるメディア文化

◇「グリーン・ハウス」世代の人びと

アイドルプロジェクトを計画した人びとの構成は、一九七〇年代までグリーン・ハウスを体験した年齢層によって成り立っていた。年齢にして四〇代後半から五〇代にかかる、黄金の

---

(4) 富永健一、一九九五年、『行為と社会システムの理論―構造・機能・変動理論をめざして―』東京大学出版会。

一九七〇年代に中高生時代を送った人たちである。(5)エンターテインメント性の華やかさを知った世代だからこそ、アイドルに感情移入するのではない。アイドルにかかわる華麗なスタイルを商店街からという強い意思が根底にあった。この街だからアイドルを発信させようという社会的分化の意向も存在していただろう。

そしてもう一つ、酒田が東京と同時にロードショーを味わうことができたリアルさは忘れられない。〝メディア環境はメディア文化を生む〟、一九七〇年代までのそうしたメディア環境の下にいた人びとは、それ以降の地元の、とくにメディア環境の衰退に遭遇して、どうにもできないくやしさと、さみしさの入り混じった想いにかられていたに違いない。年末や夏休みに顔をあわせると必ず話題に上るグリーン・ハウスのこと。もう一度グリーン・ハウスが開館しないか、いまグリーン・ハウスがあったら、でも大火の火元だからそれは無理、話はそこで帰結する。

酒田大火の出火元という重い事実は歴史とともに語り継がれていく。三〇年間ずっとこの話題は繰り返されていった。火元という厳しい事実と過去が存在しても、グリーン・ハウスの復活を待望する声がいまなお根強いことに注目した。本来なら触れたくない過去を越えてでもグリーン・ハウスが語られ続けられている。つきるところグリーン・ハウスからもらったメディア文化の世界に、終わりはないように想う。

◇メディア文化を求めて

グリーン・ハウスの復活を願うというより、本音は、中町に映画館、メディア環境を再構築して欲しいということになる。これはグリーン・ハウス世代を超えた人びとの願望の裏返しの

---

(5) 現在の年齢にして、四〇代後半から五〇代前半に集中している。

ように思う。

事実、グリーン・ハウスを知らない世代でさえ、三川ではなく、中町に映画館が欲しいという声は多い(6)。しかし現実的な話になると、採算性は、場所は、費用はと考える中で、結局、理想に終わってしまう。それでも人が集まればふたたび同じような話題をあげる。中町のあそこを買収して、映画館にすれば、どのくらいの費用がかかるのかなどなど、延々話は続く。懲りることはない、酒田の人びとは華やかなステージが好きなのだ。

いまできること、華麗な時代だった一九七〇年代に戻れなくても、何かメディアを媒体とした世界、ポピュラーな流れのなかで二〇〇〇年に可能なことはないものか。関係者は静かにかつ熱く思考を重ねていった。

◇一つのプロジェクト

あまりにも新鮮だったグリーン・ハウスがかもし出した空間、明るくて、華やかで、スマートで、活気のあった街。その空間が消滅してから三〇年になろうとしているのに、つい昨日のように、鮮やかなあの場所が甦ってくる。定期的に集う、グリーン・ハウスをこよなく愛している人たち。いまでも機会あるごとに、グリーン・ハウスのことを取り上げ、地元のメディアを通じて発信している。会合のたびにあらたな発見のあることは幸せなことだ(7)。

しかし現実にもどると、厳しい地方都市、地域商店街はますます活気を失っていった。映画館が難しくても、何か輝くような、周りが驚くような企画はできないものだろうか。この酒田の中町商店街というメディア文化が根づいているエリアから、誰もが想像もつかないものを発信できないだろうか。

(6) 二〇〇五年高校生とのヒアリング調査参照。

(7) 二〇〇三年八月に当時のグリーン・ハウスを知るメンバーが集い、「酒田メディア学会」という少人数の会を発足した。市内在住、県外在住を問わず、酒田のメディア環境に関心があり、その整備のために意見を交換している。

よく酒田の人びとは、「新しいもの好き、それに飽きっぽい」と言われる。流行理論の立場から言えば、トレンドに関心のある人ほど、新規でめずらしいものを選択する速度が速いと考えられている。それに他者との差別化を好み、分化的にそれぞれの嗜好を選択する。(8)流行を選択するには、人びとの意識がある対象に向かう、対象モデルを選択する条件が必要となる。グリーン・ハウス世代の人びとの意識は何か、対象モデルは何か、それは「メディア文化」であり、選択する条件は何か、それは「中町商店街」という場所である。ほかの商店街では想像もつかないプロジェクト、それは中町だけのオリジナルである。

こうした過程を経て、中町商店街から誕生した一つのプロジェクトに注目してみた。それが山形新聞の記事に記されていたプロジェクトだった。

第2節　商店街からアイドルを

1　商店街の空洞化を打破しよう

◇「グリーン・ハウス」世代の発想

活気も元気もなく、人のいない代名詞となってしまった中町商店街。久しく叫ばれる商店街の空洞化、空き店舗にみられるシャッター街という言葉。現状を打破するために発案されたのが、「酒田から、商店街からアイドルグループの誕生をめざそう」であった。

(8) 流行を採用する個人動機の一つ。仲川秀樹、二〇〇二年、『サブカルチャー社会学』学陽書房を参照。

あまりにも華やか過ぎた一九七〇年代。中町商店街の活気ある姿は当時この街で楽しんだ人びとの記憶にいまでも強く焼きついていた。一九八〇年代後半から地方都市は郊外型店舗全盛に入った。一九九〇年代以降の市街地はその勢力に押され、存在感さえ危うい状況が続いた。酒田も同じだった。郊外型店舗中心の典型的な地方都市として、バランスが崩れていた。

メディア文化の街の加速度的な衰退をみるなか、二〇〇一年の夏、グリーン・ハウス世代の人びとが企画したプロジェクト、それが「商店街からアイドルを！」であった。この企画に対して、彼らのヤル気とは裏腹に、非難と冷ややかな声は、いたるところであがっていた。「絶対、できっこない」商店街の関係者でさえ、対応が分かれた(9)。

とにかくこの企画に協賛した商店街、地元スタッフたちによってプロジェクトは進められた。素人集団であり、資金も環境も多くのボランティアによるものとなった。多くは市民からのサポーター募集によって、集まったお金によってCDを作製する計画とした。

◇公開オーディション

酒田の四大まつりの一つ、「酒田どんしゃんまつり」の当日、商店街で公開オーディションがおこなわれた。事前に、四六人（四四組）の応募があり、書類審査、テープ審査などを経て、二〇〇一年一〇月一〇日の公開オーディション出場者二六名（二四組）が決まった。審査の結果、小学校六年生から高校三年生までの八名の合格者が発表された。商店街発アイドル誕生へ向けた第一歩となった。

合格した八名の女性たちは、早速、レッスンを受けることになる。ボイストレーニング、基本的な姿勢、挨拶など詳細なプログラムの下で、全員また個人の進展に応じてのレッスンは続

(9) 酒田商工会議所青年部サイト、「SHIP」プロジェクト参照。

いた。

◇商店街のサポート体制

一部の商店主が中心となって開始されたこのプロジェクトも、正式に組織化された支援体制が敷かれることになった。酒田商工会議所、酒田青年会議所、中町商店街振興組合連合会などの関係者が名を連ねた。一般市民からは、一口五〇〇円のCDサポート会員もおかれた[10]。

この時点では誰もがみな半信半疑のなかで、「とにかくやってみよう」という空気の強かったことをものがたっている。正式なプロダクションも代理店の支援もなく、地方の商店街からアイドルをという発想自体、ほかに例をみない。プロジェクトと無関係な多くの人びとは疑問を投げかけていたことも十分にうなずける。それでも酒田の街は、華やかなことを考えるのが好きだし、得意だと思う。メディア文化の伝統はまだまだ消えていない。

地元のサポート体制の実行委員会は、「SAKATA発アイドル育成プロジェクト」の名によって正式に発足した。

◇アイドルグループ名も決定

地元市民と一体になり、盛り上げていこうという趣旨から、グループ名は一般公募のスタイルがとられた。プロジェクト関係者の選考結果が、公開オーディションから二ヶ月後の一二月二二日に発表された。グループ名は、「S.H.I.P」と決まった。正確には、「S（酒田）H（発）I（アイドル育成）P（プロジェクト）」の最初のイニシャルをとって、それを合わせて「S.H.I.P」（以下、SHIP）となった[11]。

---

(10) デビューシングルCDにはサポーター会員約三〇〇人の名前が刻印された。

(11) SHIPをメインにしてのユニットも登場、学業中心のメンバーの数にあわせて幅広いスタイルを展開してきた。

ＳＨＩＰは船という意味もあり、西廻り航路に活躍した「北前船」も浮かび、港町酒田を出発（発信）するイメージなどがあり、これから大海原へ向かって漕ぎ出していくアイドルグループという解釈も成り立った。酒田という地域性に欠かせないネーミングとなり、それにメディア文化的スタイルの合わさった、独自のプロジェクトである。

2　地元市民へのデモンストレーション

◇公開レッスン

商店街発アイドルデビューへ向けての日々は長い。地元市民の手による準備の一環として、公開レッスンなるものが行われた。二〇〇二年に入った一月二七日のことだった。場所は、中町商店街東側にある、まちづくりサロン、レッスンを公開しながらのミニライブ。

正式には、「酒田日本海寒鱈まつり」イベント企画の位置づけにあった。立ち席を含めて約一〇〇人収容の会場で、正午から三回に分けられて開催。彼女たちのＣＤ発売もまだ、オリジナル曲は一曲だけ、それでもプロジェクトの様子を告知することは重要だった。(12)

実質的に、外部公開したプロジェクトでは、オリジナル曲も披露され、地元商店街スタッフがカンパや支援を呼びかけた。発売が予定されているデビューシングルＣＤには、支援された方々の氏名が刻印されるというオプションつきであった。当時の地元ではこんな流れが進行するなか、公開レッスンに並行するように彼女たちのポスターも完成した。広報活動も順調に進んでいった。

(12) プレライブのスタイルを取りながらの告知は、商店街発らしさのＰＲ活動となった。公式サイトの記録ではステージすらない場所での活動に驚かされる。

◇プロモート用レコーディング

アイドルとしての正念場となるデモンストレーション。オリジナル曲の披露、ここで終わらせることはできないと、プロモート用のレコーディングも実施された。レコーディング用のヴォイスレッスンと、本格的な練習は続く。この頃から、一部ファンが動き出すようになった。ポスターが欲しい、プロモーション用のCDが欲しいなどとの問い合わせが寄せられ始めた。

中央デビューを飾らなくても、地方都市の商店街プロデュースしているプレマイナーアイドルたちをサポートするファンが集まってきたことに注目する。いわゆる追っかけ的なファンが彼女たちの周辺に集まってきたということは、酒田という街も、別な形で認知されてきたことにもなる。ファンの姿も商店街でみかけられるようになってきたという。

◇広報活動

完成したプロモート用CDもメディアで取り上げられた。同時に、PR用のチラシ作製にも余念がない。何より、実体を知って認めてもらわなくてはならない。少しでも関心を寄せ、何らかのアクションを起こして欲しい。そのためには認知活動は重要になってくる。

大手プロダクション所属のように広報活動を全面的にバックアップしてもらうわけにはいかない。メンバーたちがそれぞれ市内を周る。時には商店街の真ん中で歌う時もあった。

彼女たちの活動のなかで、もっとも印象的に伝え聞いたのは、町内会のお花見でライブをおこなったことだった。アイドルなどに関心もなく、彼女たちがいることさえ知らない人びとの前で三曲歌ったという。時期も四月の下旬、ライブ終了後に町内会の方から孟宗汁を味わったという記録には、庄内の食文化とリンクされた姿をイメージした。これが本当の地方アイドルかと。

◇マイナーイベントのなか

町内会イベントもあれば、フリーマーケットのイベント出演では市外にも出張する。ゴールデンウィークの地元百貨店の子どもまつりと、彼女たちのマイナー露出は増えていく。いずれもメインイベントの前座的出演にすぎないものの、このプロジェクトの性格には沿ったものだった。子どもたちとのイベントは、大人だけではないアイドルとして少しでもあこがれをもってくれるような年齢、自分たちを知ってもらうことの意味はいまなお痛感している。

酒田四大まつりでもっとも歴史が古く、最大規模を誇る、「酒田まつり」前夜祭の出演。実質的に、酒田市民の前ではじめて全容をみせることになった。他の共演は、「酒田舞娘」など、酒田の伝統的なアイドルと現代的なアイドルがはじめてドッキングした。価値のある前夜祭出演とみた。

第3節　商店街発アイドルの誕生

1　アイドルデビュー

◇オリジナル二曲目のレコーディング

酒田まつり前夜祭には、彼女たちの二曲目になるオリジナル曲が披露された(13)。この曲のプロモート用ＣＤのレコーディングも開始。前曲も今回の曲も、地元酒田の風景や、そこに集う人

(13)　二〇〇二年四月全国デビューシングル「少年ｍｉｎｄ」発売。

びとをバックアップする形の詩とメロディになっている。このグループが酒田から誕生したことを再認識する機会にもなる。

初夏の六月、メンバー用のあたらしい衣裳も完成した。衣裳を着用してのポスター撮り、まもなくデビューCDのレコーディングもはじまる。レコーディングのレッスンも商店街の空き店舗を利用。ガラス越しのオープンエリアが功を奏して、立ち止まりレッスン風景をみる買い物客もあった。空き店舗効果なるものがこのような形になるとは、このプロジェクトの波及効果が商店街の動きにも影響をおよぼすようになった。

デビュー直前にしてのデモンストレーションの重要性は、酒田まつり前夜祭で感じたところである。もう一つ印象的だったのは、酒田市営光が丘陸上競技場で行われた酒田市民体育祭のハーフタイムに突然登場し、グランド中央の芝生で歌ったことだ。約四〇〇〇名の運動選手関係者の前での突然ライブは、多様な効果を生んだことになる。

この手のスタイルが地元に浸透していけばあらたな展開も期待できたのにと、いま〝痛感〟する。

◇そして、デビューコンサート

メディア文化の街、酒田らしいプロジェクトが一つの歴史となった。二〇〇二年八月二五日、酒田市民会館にて、SHIPデビューコンサートが開催された。オリジナル六曲とカバー曲を含む全二〇曲が披露された。

これまでマイナーイベントが中心であったグループが、はじめて大規模なホールでライブを開催した。二〇曲を歌いきった。彼女たちのファンも確実に認知してきた。

記録をたどると地道な活動の繰り返しを経てのデビューコンサートである。公開レッスン、ミニライブ、場所を問わず、地元のイベントに顔を出し続けてきた。その成果がこのデビューとなった。著者はこの時点でもまだ、デビューはおろか、存在自体も知らなかった。知ったのは翌年明け早々だった。

◇定期的なイベント

オリジナル曲を歌ったCDも販売され、彼女たちの知名度も高まってきた。中町商店街、毎月第三週末、「中町の日」でのライブは定番になった。(14) つねに中町を原点とした商店街発の真髄がこの日にみられるようになった。当初の目的であった商店街活性化と酒田の街をPRするスタイルである。

後には中町の日に合わせて、酒田の特産品をネーミングにしたライブの数々、「さくらんぼまつり」、「メロンまつり」、「すいかまつり」「なしまつり」、「お米（庄内米）まつり」などでは、それにちなんだ商品がアトラクションに用いられた。コラボレーション効果抜群の定期イベントになっていた。

2　ホームタウンでの活動

◇帰属は中町商店街

定期的な活動をする場所、ホームタウンの存在は大きい。商店街発アイドルとしたゆえんは

(14) 酒田の特産物やフォーシーズンのイベントにあわせたネーミングで中町の日ライブを続けている。あじさいまつり、メロンまつり、スイカまつり、なしまつり、お米まつり、酒田まつり、縁日まつり、どんしゃんまつり、日本海寒鱈まつりに加え、バレンタイン・ホワイトデー、クリスマスライブなど多彩だ。

やはり、中町商店街という帰属があることだ。中町の日には彼女たちの原点をみることができる。イベントがなくてもそこに出かけることで共有できる仲間意識。ローカル・コミュニケーションのある地域商店街のメリットを最大限に生かしているエリアだ。

一九七六年の酒田大火まで、中町には人が溢れていた。何でもあったメインストリート、第一次的な人間関係が成立しながらも非日常を味わえる複数のストリートがある商店街。メディア文化の中心市街地だった。娯楽性の度合いは郡を抜いていたエリアをホームタウンとする意味は、商店街発アイドルの名に等しい。

◇アイドルの商店街マップ

オリジナルグッズを紹介する「中町商店街マップ」がある[15]。全国の地域商店街でもよくみられるようなイラスト入り地図に近い。酒田商工会議所で作成したこの地図の特徴は、アイドルグッズを販売する店舗をイラストプラス写真で紹介したものだ。アイドルのオリジナルグッズは、一店舗ごとに周らなければ入手できないというシステムをとる。一ヶ所で全グッズを扱っているお店はない。マップをもとにグッズ購入に出向けば、商店街を周遊できるのだ。グッズを扱わない店舗も多数あるが、商店街どうしの相乗効果を狙うアイディアとなった。

インフォメーション効果なくして、対象の理解はない。全国のあらゆる地域商店街では必ずといっていいほど用意されているエリアマップ。一般に、観光地など著名な環境施設がある地域ほど優れている。コレクターさえいるほどだ。

中町商店街は、全国唯一のアイドルマップのある街、その完成度はかなり高い、ゆえにもう少しインパクトある工夫がほしかった。ホームタウンの存在する商店街アイドルの実体を広め

---

(15) 二〇〇三年度中心市街地活性化推進事業の一環として企画作成された。「大切にしようよ、さかたの街。We Love Sakata」をキャッチフレーズにしている。「Ship な商店街からゲンキを発信!!」と題した商店街マップは、中心市街地デストネーションストアシリーズVol.9の、「SHIP応援GOODS特集」の企画として配布された。

ることは、地元を知ってもらうことにもなる。

◇アイドルグッズの数々

そして彼女たちのグッズも多数お目見えした。プリントTシャツ、紅茶、フラッグ、スタンプ、シール、ミニ自転車、バッジ、漬物、焼きそば、エコバッグ、カクテル、時計、めがね拭きなど、これまで二〇商品以上が製造販売されてきた。年末にさしかかると、翌年のオリジナルカレンダーも人気を集めた。商店街発アイドルの位置づけもあるため、「お買い物は地元商店街で」の文字が各月に記されていた。

アイドルマップにみられるようなこれらのグッズは、一店一品運動の性格をもつ。温泉街でよくある入浴手形やスタンプラリーにも似ている。

◇アイドルフラッグで迎える

中町商店街を歩いて気がつくのは、歩道の街灯になびく、アイドルフラッグである。メンバーたちのオリジナルキャラクターを描いたデザインは、道行人をホッとさせる。このキャラクターをみて、〝萌え〟系をイメージした人もいるほど、目立つ。地方の商店街でこうしたフラッグがあるのもメディア文化的である。ライブをしなくてもアイドルに逢える、そんな雰囲気を漂わせている。

別に中町商店街はアイドルの街ではないのだけれども、メディア的カラーの度合いは強い。酒田舞娘さんのポスターもあるし、舞娘さんのいるお店だってある。[16] 華やかさを体験できるエリアはツーリストに多く利用されている。酒田のウリはたくさんあるから、アイドルだけを追

(16) 舞娘茶屋・雛蔵画廊「相馬楼」市内の日吉町に開楼。本書、結び1を参照。

いかけているわけではない。

第4節　マス・メディアの先行報道

1　商店街とアイドルの関係性に注目したメディア

◇日本テレビ「NNNドキュメント'02」

『商店街の〝モー娘。〟―酒田発アイドルプロジェクト―』(17)

地元商店街でアイドルが企画され、公開オーディションからミニライブが開かれるまでの過程をドキュメントでつづった番組。SHIPを取り上げたはじめての全国放送となり、商店街発アイドルが注目される大きな機会となる。酒田発アイドル育成プロジェクトをまったく知らなかった人にも、その素人の出発からライブをやるようになるまでの軌跡が理解できる。メディアの影響力は強いもので、番組終了直後から公式ホームページへのアクセス数も急激に増加した。

このドキュメントで考えさせられるのは、〝アイドルの是非に固執〟(18)するのではなく、商店街の現実をみて、どのような手だてをすればよいかを再考することである。ある商店主の言葉がとても印象的だった。「大手企業は、店舗運営がだめなら撤退すればいい、しかしそこに住む人びとはそこから逃げることはできない。土着して生きていく人たちには、そこの人たちの

(17) 二〇〇二年三月三一日OA。日本テレビ系全国ネット三〇分番組。

(18) アイドルの是非を焦点にするのではなく、商店街発アイドルの影響と効果の過程を探っていくことに言及。

力を必要とする。だから商店街はいつまでも必要だ」と。

実際、まちおこしと言っても、まちおこし自体はみえない。再開発ビルの建設もまちおこしだし、賑わうための努力もまちおこし、いまはアイドルをとおしてのまちおこし。街で取り組んでいる過程を知ってもらいたい。そんな声を番組からよみとれた。

◇山形放送「YBC山形の群像21」

『漕ぎ出せ！S．H．I．P―商店街アイドルの一〇〇日―』(19)

NNNドキュメントの山形県内バージョンで、商店主のアイドル立ち上げまでの葛藤が伝わってくる。アイドルにおけるまちおこしの批判をかかえながらも発信したプロジェクトの模様を再認識させられる。〝アイドルプロジェクトへの賛否〟を論じる必要はない。プロダクションがメディアを巻き込み大々的にプロデュースしたアイドル路線とは異なる姿を覚える。しかし周囲はそうではないこと。アイドルという言葉をストレートに受け入れ、批判の矢面にあげる。まだプロジェクトがはじまったばかりなのに、結果を論じたがる。ある意味、このプロジェクトは、関心を持たない人びとに対し、商店街のプライドをかけた挑戦のようにも映る。〝アイドル〟という言葉のもつインパクトが強く、功罪双方の立場からの議論に関心が集まった(20)。単なるまちおこしとか、活性化のための戦略などを越えた人間模様がある。全国的にこのプロジェクトが注目の的になる事由が既に備わっていた。

プロジェクトの関心は、商店街関係者どうしが一つのテーマに打ち込むことが、売り上げとは別の人間的満足感を得る重要な時間となること、そしてコミュニケーションの本質を考えさせられる。お店と客、店主どうし、複数の媒体によって一つの試みから生まれた過程は、地域

(19) 二〇〇二年二月二三日OA。日本テレビ系山形放送にて放映の三〇分番組。

(20) 注17を参照。

社会のあり方にも一石を投じた。

プロジェクトなんて簡単なものではない、確かに街を元気にする方法はいくらでも考えられる。しかしなぜアイドルなのかという周囲の疑問や批判を浴びるのは並大抵の苦労ではない。売り上げに直結するものでもなく、厳しい声に答えながら、その実体を省みて、いつも何かやっている姿勢は、いつも持ち続けたい。商店街とはそういう場所であることが番組の中で展開される。

◇山形放送「YBC山形の群像21—続編—」

『君の夢に届くまで—続・酒田発アイドルプロジェクト—』(21)
SHIPデビューコンサートまでの様子、当日の流れをまとめる。これまでのドキュメントは、プロジェクト開始の事情が中心であるのに、本内容は、デビューコンサートの人間模様、プロモーションビデオをつくるための商店街一大イベントなど、より進化した活動を知ることができる。
デビューコンサートでアイドルの存在が認知されたことは重要だったが、これからの商店街とアイドルの関係性はよみにくい。デビューコンサートが一つの区切りになったことで、つぎの展開をめぐるあらたな課題にも遭遇する。ライブ開催の目的が達成された興奮があまりにも高く、これでよかったという声があがる。プロジェクトは開始したばかり、これからが本当の長く厳しい闘いが待っていることを考える。
商店街発アイドルプロジェクトとはいえ、関心のない商店主も多い。番組は商店街のなかでも「SHIPって一体何なんだ、私は関係ない」という声もあることを伝えながらも、一つの

---

(21) 二〇〇二年九月二八日OA。日本テレビ系山形放送にて放映の三〇分番組。二月二三日OAの後編部分にあたる。

形（ライブ）になると、周囲も「まちおこしのために」やっていることが理解されつつある実情を知る。(22)商店街の苦悩が素人にも垣間見れる部分も多い。

ただ、もっとも意味があったのは、中町商店街連合会での「中町の日」にともなうイベントチラシにみる効果である。「〝なかまちＤＲＥＡＭ　ＳＡＬＥ〟ＳＨＩＰがんばれ！なかまち頑張るぞ」の見出しにあった。(23)アイドルと商店街が一体となり前進しようという姿勢が強く感じられた。このような商店街組合どうしの協力関係がずっと続けば、ということもチラシを手にとり〝痛感〟した。商店街連合会が一致することができたら、どんな消費エリアにも太刀打ちできるだろう。これだけは自信をもって言える。

◇メディアの先行報道

地元ではある程度このプロジェクトの様子は知られていた。しかし実際のところ、デビューコンサートがありＣＤ発売をしたという程度のものだった。この番組が放映されてもなお彼女たちの存在を知るには不十分だった。商店街活性化のための本格的活動は、デビュー後が本番になる。したがってこれら三番組とも、先行報道との位置づけが正しい。マス・メディアの積極的露出はこれからになる。

『ＮＮＮドキュメント'02』の放映は、全国ネットであったことで、地元以外の視聴もかなりの数にのぼった。全国のアイドルファンの関心を呼んだのはもちろん、酒田出身者に酒田を振り返るひと時を与えたことなど、久しく明るいトピックのなかった酒田の街には、新鮮なニュースとなったのは事実だ。

さらに商店街発アイドルに対するマスコミのオファーも急激に増え、この手のアイドルのな

---

(22) アイドルプロジェクトへ関心の薄かった商店主へのメッセージ。

(23) 主催・酒田なかまち商店街振興組合連合会（中和会、中通り、大通り、たくみ通り）で、売り出し期間は、二〇〇一年六月八日（土）～一三日。

かでも王道を進んでいるともいわしめることになった[24]。酒田そのものを露出する経済的効果にもなったし、このプロジェクトの意義を発揮させる契機になったことは事実である。

2 アイドル効果をめぐるメディア報道

◇アイドルよりも酒田のPR

マス・メディア報道の特徴は、アイドル（メンバー）自体より、商店街ビジネスとか、経済効果的側面に比重をおく内容が多かった。芸能関係の雑誌への登場もあるが、経済系雑誌での特集記事も多い。月刊『PRESIDENT』では、「山形県酒田市の商店街が「アイドル育成」に挑む理由」の見出しが掲げられていた[25]。見出しだけから判断すると、あたかも中町商店街はアイドル養成所のように思える。しかし中身はまったく異なっている。

アイドルのメンバーだけをみるならプロダクションのタレントを追っかければよい。酒田の場合、アイドル立ち上げからCD制作まで、市民の募金によってまかない、音響施設から、アイドル維持費は、各店舗の得意分野を駆使したサポート体制によっていること。歌う曲の歌詞も、酒田の風土や特産品をモチーフにしている。アイドルグッズは、商店街各店舗のオリジナル商品として開発されたもの。注目はアイドル本人より、商店街の取り組みである。

彼女たちがライブ会場で口にするのは、「酒田はよいところです。酒田にきてください」、「酒田のお米は、庄内米です。とても美味しいのです」、こんな具合であった。それを証明したのが、「酒田の〝SHIP〟が学園祭デビュー」のニュースである[26]。

(24) フジテレビジョン「スーパーニュース」（二〇〇四年五月二七日OA）では、地方アイドルとしての地位を固めたSHIPを紹介。

(25) 二〇〇二年九月一日号のインタビュー記事、本文の担当は、ライター深町泰司氏。

(26) 日本大学NU祭（桜麗祭）「SHIPライブ」は、二〇〇四年一〇月三一日、文理学部百周年記念館ニューアリーナにて開催。『山形新聞』二〇〇四年一一月一日付朝刊を参照。

酒田発のアイドルグループ「ＳＨＩＰ」が、東京の大学で〝学園祭デビュー〟した。ＳＨＩＰのライブは、学園祭のイベントとして都内の大学記念館で開かれた。「僕だけのピンナップガール」「素敵なＲａｄｉｏ」など七曲を元気いっぱいに歌い、学生たちの大きな声援を受けた。また、ライブの中でジャンケン大会を開き、勝者四人に新米をプレゼント。おいしい庄内米を東京でアピールした。自分たちのことより酒田のＰＲに余念がない。メディアの焦点は、アイドル・プロジェクトによる、商店街の経済効果の是非にあるのは容易に想像できた。

◇アイドルができない事情

しかし現実は、予想以上に地方都市でアイドルすることの困難性である。等身大の意味があまりにも身近であること。クラスメートのなかにアイドルがいる実体はとても考えにくい。メディアもプライバシーを優先することから実名や、学校生活は取り上げない。つまり地元ではアイドルできない。逆に考えたら、アイドルをする必要のないこともある。

「アイドルが先か」、「商店街が先か」という議論になった場合、誕生理由から「商店街が先」としてきた。こうした点がアイドル的要素より、地域的要素が高いアイドルとして、位置づけられてきた。他の地方アイドルとの差別化が図られてきたメリットもあった。

そうは言いながらも一体いつまでこうしたスタイルが続いていくのだろう。少なくともデビューした二〇〇二年頃はアイドル的ではなかったと言える。それはメディア報道の中身をみれば理解できよう。

ＳＨＩＰがアイドルとして認知されてきたのは、エンターテインメント的にメディア露出がはじまった二〇〇三年以降と思う。地方アイドルという括りがかなり一般的になってきた事情もあった。しかし著者は、かたくなに「コミュニティ・アイドル」という一線を崩さなかった。[27]

〈参考文献〉

・伊奈正人、一九九九年、『サブカルチャーの社会学』世界思想社
・仲川秀樹、二〇〇二年、『サブカルチャー社会学』学陽書房
・仲川秀樹、二〇〇四年、「地方都市活性化の試みと世代間にみる影響の流れ—酒田・中町商店街活性化のプロジェクト意識をめぐって—」『日本大学部文理学部研究費研究成果報告書』日本大学
・Blumer, H. 1933, *Movies and Conduct*, The Macmillan Company.
・『WEEKLYプレイボーイ』二〇〇二年九月一七日号、集英社
・『BOMB!(ボム)』二〇〇三年一月号、学習研究社
・『週刊SPA』二〇〇三年二月二五日号、扶桑社
・『FLASH　EXCITING』二〇〇三年五月三〇日号、光文社
・『PRESIDENT(プレジデント)』二〇〇三年九月一日号、プレジデント社

(27) 土曜エッセー「〝SHIP〟はオリジナル」『山形新聞』二〇〇四年五月二九日付夕刊を参照。

第4章

メディア文化の街、商店街の進化

第1節　二〇〇五年フィールドワーク

1　ふたたび、酒田の街へ

◇フィールドワークの行程

あれから二年、酒田の街は、商店街は、どのような変化をとげたのだろう。二〇〇三年に続いて、一六名の学生たちと二度目のフィールドワークに入った。(1) 九月一五日（木）から一九日（日）の四泊五日の行程であった。

九月一五日、九時に大学をバスで出発する。外環、東北道、山形道を経由して、一六時に酒田到着。宿泊先で荷物の整理後、市内の中町へ入る。酒田FMハーバーラジオにて、学生代表二名がラジオ番組出演。今回のフィールドワークの目的などを語る。一八時、中町商店街のレ

（1）二〇〇三年は「商店街の活性化」。二〇〇五年は「商店街の進化」。

ストランぱぶにて、ミーティングを兼ねた懇談会。商店街専務理事、地元メディアのプロデューサーなど四名を囲んで、今回の調査アドバイスを受ける。

九月一六日、九時すぎに宿泊先を出る。九時四五分、市内の高等学校着。一〇時、会議室にて、地元高校生二〇名（一六歳〜一八歳）へのヒアリング調査の実施。一一時四五分終了。市内の高等学校を出る。一二時、山居倉庫着、第三セクターでこの四月に開設した川辺の館にて、庄内米を使用した商品、こめきりの昼食。一三時三〇分、中町商店街へ移動。フィールドワーク開始。途中、山形新聞の平剛史記者の同行取材が入る。平記者から学生へのインタビュー。一七時三〇分、フィールドワーク終了。一八時、中町のレストランぱぶにて、初日の総括。二一時終了。二一時三〇分、宿泊先着。

九月一七日、一〇時、山居倉庫から中町へ、商店街関係者へのヒアリング、ルート検証。一三時、YBC山形放送の伊藤善隆記者の同行カメラ取材。一四時三〇分、山形新聞の鈴木雅史記者の同行取材。一六時三〇分、山居倉庫にて、鈴木記者のカメラインタビュー。一八時、フィールドワーク終了。一八時三〇分、ファカルティクラブにて、地元関係者との懇談会、一部は、商店街での観光客への取材インタビュー。二一時終了。二一時三〇分、宿泊先着。

九月一八日、九時三〇分、中町まちづくりサロン着、シンポジウムの準備。一〇時、中町シンポジウム「メディア文化の街と商店街の進化」開催、(2) 一二時二〇分終了。一三時、中町モールにて、「なしまつり」イベント参加。一四時、アイドルグループSHIPのライブ、YBC山形放送の荒木重弥記者のカメラ取材、平記者の同行取材。一六時、商店街フィールドワークの補充調査。一八時、フィールドワーク終了。一八時三〇分、ファカルティクラブにて、商店街関係者、調査協力者との懇談会、二一時終了。二一時三〇分、宿泊先着。

---

(2) 本書、第6章「中町シンポジウムの記録」を参照。

九月一九日、九時、チェックアウト。九時三〇分、山居倉庫、川辺の館、フィールドワーク関係者に挨拶、記念撮影。一〇時、酒田を出る。山形道、東北道、外環経由、一七時、大学着。全行程終了。

◇フィールドワークのポイント

前回のフィールドワークでは、「中心市街地の活性化」をメインテーマに掲げた。地元高校生のヒアリングから、商店街店主へのインタビューなど、市街地の動向を見定めながら問題と課題を探り、それに対する有効な方策を提示した(3)。とくに二〇〇三年調査時点では、アイドルプロジェクトの効果に絞りながら、市民との関係性を追った。結果として、メディア文化の街が浮かび上がった(4)。

今回のテーマは、「商店街の進化とメディア文化の街にみる人の流れ」を検証することにあった。商店街の活性化という命題についてはある一定の方向性がみえたために、その後の商店街、中心市街地がどのような人びとをターゲットにして生き残りをかけるかに焦点をおいた。これからの商店街、つまり商店街の進化が論点となる。

2　中心市街地と周辺地域

◇あれから中心市街地は

酒田の中心市街地にある中町商店街のその後に関心があった。前回は大々的に商店街に入り、

(3) 仲川秀樹、二〇〇四年、「地方都市活性化の試みと世代間にみる影響の流れ―酒田・中町商店街活性化のプロジェクト意識をめぐって―」『二〇〇三文理学部研究費研究成果報告書』日本大学

(4) 仲川秀樹、二〇〇五年、『メディア文化の街とアイドル―酒田中町商店街「SHIP」「グリーン・ハウス」から中心市街地活性化へ―』学陽書房

商店主に意見をぶつけた。今回のフィールドワークでは、主要な商店主にヒアリングは実施したものの、商店街の活性化的な視点は除いた。二年間のあいだに街の再開発事業なども進み、街並みも変化を来たしているようだった。(5)

想像以上に中高生の姿が目についた。若者たちが入るお店も固定したようだった。通学帰りの高校生も中町を経由していた。高校生の意見とは裏腹に若い人がいることに関心が向いた。休日には中町の日も開催され賑わいはあった。フリーマーケットも登場し、二年目とは様子が異なる週末にも遭遇した。あいかわらず商店街の景観はきれいだったし清掃も行き届いていた。フリーマーケットは若者や家族連れを集めることができる。それとアーケードに商品を並べるために街全体は華やかになる。閑散とした状況をなくす効果もある。中町モールの重要性と機能性をあらためて確認できた。

◇整備されている市街地に驚く

学生たちは整備されている街の景観に驚いていた。二年目も同じような感想を持った。景観が優れているのと賑わいは必ずしも比例しない。この差に長く中心商店街関係者は苦悩していた。ただ、平日は、確かに人影はまばらのように思えるが、週末にかかると確実に客は増えている。メインの百貨店清水屋の催事はあいかわらず人も多い、飲食店も中町の日イベント関連で行列のお店も二店舗あった。(6) 調査の学生たちでさえ、昼食時の利用は避けざるを得なかったほどだ。

学生には市街地地図を参考にしながら注目スポットを歩いてもらった。実際は、地図より学生自身の興味を中心に周ることが多いようだった。各自の関心によって、商店街を観察する視

(5) 中町三丁目地区にオープンした「中町サンタウン」周辺はお洒落なエリア。それに日和山公園とのアクセスが便利で、中町と周辺の接着剤の機能も。

(6) 毎月開催の中町の日は、各店舗が持ち回りで商品の半額からそれに順ずる割引やサービスを実施。通常の休日でも三日月軒と米澤屋は行列必至。

点も異なる。客観性重視のおかげで、若いなりの観点でお店の善し悪しを判断することもできた。

◇周辺地域を歩く

学生は山居倉庫から市街地の途中にオープンした川辺の館に注目を集めていた。めずらしいメニューに驚きながら、いずれも庄内産のヘルシー食材をこれほどまで用意されていることに興味を示した。滞在中のランチはすべてここで済ました学生がほとんどだった。庄内米を前面に出しているオリジナルメニューは、観光客と同じように学生たちも味わった。少しでも地元、酒田を認知してもらうためのプレゼンテーションはメニュー一つひとつにみることができる。周辺のいたる場所で、用意されている地元の商品。その数だけ観光客や市民に理解してもらう必要性も感じながらヒアリングは続いた。

歩くことがメインになった今回のフィールドワーク、自ら歩くことで人の流れがみえてくる。フリーな形で市街地から周辺地域を検証した。山居倉庫などの観光施設を見学する時間を惜しみ、可能な方向性を探し、フィールドワークのメインテーマに合わせた。観光スポットの見学はできなくても、そのスポットからの流れは直接たどることはできた。自らのルートに、さりげなくツーリストの動きに沿ったりして、進められた。

意外に目が向くのは、メインスポット周辺にみる一般の人びとの行動や民家の並び、学生たちは観光客と同レベルの地元理解度のために、複数の見方を期待できた。地元関係者たちの主観は入らず、学生自身がみた酒田の街に焦点を絞りながらの検証である。最終的には中心商店街にたどり着くことだけは共通の認識であることに変わりはない。学生の数だけ明らかになるフィールドにより期待は高まる。

第2節　中心市街地の人の流れ

1　人の流れと行動パターン

◇人の流れをつかむ

中心市街地活性化と叫んだ、抽象的な議論はここでは必要ない。あくまでも酒田の街に沿った具体的な方策をここで導き出すことだと考える。何をもって中心市街地とするのか。対象は一般市民なのか、一般市民であれば日常の消費なのか、それとも非日常の余暇時間の処理なのか。それとも観光客なのか、観光客であれば、何をめざして酒田に集まるのか。観光スポットの周遊なのか、特定のイベントを目的としているのか。ひとことで中心市街地活性化と叫んでも、その対象と実態は多様である。一般市民、商店主、観光客、双方が目的とする実態を正確にとらえねば議論は進まない。

商店街に人が集まり賑やかなことが活性化なのか、売り上げのアップになることが活性化なのか、活性化のための取り組みそのものを活性化と呼ぶのか、受け止め方で意味は変わる。むしろすべての帰結を〝活性化〟という言葉で括ること自体、範囲を狭めないかという危惧がわく。もはや商店街の活性化は終焉を迎え、あらたに商店街の進化を対象とする時機に入っていると考えた。中心市街地の人の流れもそんな進化を探ることが大きな目的になっている。

いま、酒田の街に必要なのは、各人がもつ目的（欲求・要求）に応じた環境を構築することである。そのためには、人びとの流れをつかみ、そのルートに応じた条件を整備する。一般市民、一般観光客、イベント観光客、近隣観光客などに適応させた複数のカテゴリーによる目的（行動パターン）にみる人の流れを探ることだ。

◇三大エリアをめぐる人の流れ

酒田市民の消費行動は、大きく三つの領域にまたがっている。老舗の集中した中心市街地の中町商店街、ショッピングセンターと大駐車場完備の七号線バイパス沿い、大型ディスカウントショップや洋品店、おもちゃ、一〇〇円ショップ、娯楽施設の整うロックタウンである。市内に限定するために、〝とりあえず空間〟の三川ショッピングセンターは、ここでは除いている(7)。

七号線エリアは、高齢者が意外に多いのも特徴だ。ジャスコの性格もあるだろう。お中元、お歳暮などにみる発送業務の充実度は高い。お祭りの多い酒田市は周辺地域の行事にあわせた、進物商品が中高年を中心に多い。若い人は、生鮮食品中心、全国チェーンの洋菓子店もあり、サイドオーダーとしての洋菓子類なども消費する。ファーストフードやゲームセンターの利用は、休日をメインに子ども連れ家族が圧倒的である。高校生はほとんどみかけない。

ロックタウンエリアは、新興住宅街でもあるせいか、若い人たちが中心、とくにディスカウント商品の大型店舗、スーパーもあり、コンビニ感覚で買い物をしていくようだ。大規模なギャンブル施設もあり、周辺町村から出てきた人びとは、そこから各店舗を経由する場合も多い。

バイパスエリアと異なるのは、ファミリーレストラン的な大型チェーンの飲食設備が充実して

(7) 酒田市と鶴岡市の中間地点にある「とりあえずエリア」のため。

いる。和洋食、複数の回転寿司店など激戦エリアの様相をみる。ロックタウン周辺は、ランチを利用するにも便利である。

中町商店街で驚くのは、意外に地元の中高生が多いことだ。自転車で中町を経由し、仲間どうしでジェラートやドリンクをとる。中町モールは車も入れないため、高校生たちが休憩している姿をよくみかけた。のんびりとした雰囲気が漂っているために市内在住者中心。老舗百貨店と老舗商店の利用客は顔なじみという商店街特有の客層。中町商店街の特定の階層へのシフト率は、この数年より高くなった。注目したいのは、日和山側に完成した中町サンタウンである。若い人、とくに若い子ども連れの集中するエリアになってきた。週末などは子どもたちで賑わっている。サンタウンに置かれた関連施設の利用によるところが多い。

◇中町の再開発事業の効果

高齢者層にシフトしながらも若者を呼びこんでいる中町商店街。この背景には、二〇〇五年三月に完成した、中町三丁目市街地再開発事業、中町サンタウンの影響が強い。民間医療施設の改築を機会に二〇〇三年一〇月から着工された。五階建ての病院と介護老人施設、一階には、老舗の菓子店、精肉店、子供服専門店が入居している。(8)

向かい側には、同じく一一月に着工された一二階建てのマンション、五階建ての駐車場の複合施設も完成。マンションの一・二階には公共施設として、親子ふれあいサロン、国際交流サロン、男女共同参画推進センターなどが入った。

駐車場一階には、診療所（外科）、薬局、理容、洋菓子・青果物の四店舗が店をかまえる。フレッシュジュースやデザート類のお店には若者も多い。屋外の道路沿いには多目的広場も設置され、

---

(8)「酒田市中町の再開発事業」『山形新聞』二〇〇五年三月一四日付朝刊。「〝中町サンタウン〟オープン三ヵ月酒田」『山形新聞』二〇〇六年六月一〇日付朝刊を参照。

イベントに活用されている。広場で遊ぶ子どもたちも多く，中町の客層が若返った実態もフィールドワークを通じて報告された。

2 シンボルの重要性

◇トレンドのある空間

人が集まるスポットには必ずトレンドな空間がある。そのシンボルを目指して街を楽しむのが一般的だ。酒田の場合も，年齢層，階層別に集まるスポットは多彩だ。中町のよさは老舗商店街の性格もあり，オーソドックスに品揃えがされていること。目的が定まった常連さんと，休日などイベントや買い物に来る客も目指す場所は一緒だ。一緒というのは必ずしもそこだけということではない。必ず立ち寄るという意味が強い。そのせいで経由される店舗も数多い。

なぜ中町商店街に出かけるのかの問いに答える条件がある。もっとも反応が早いのが中高生である。中高生を必ずある場所でみかける。中高生にとってはそこがトレンドのある空間なのだ。逆になぜ中町商店街には行かないのかの解答も，中高生の反応は早い。そこにトレンドがないからだと。トレンド空間のあるなしは，そのエリア一帯を決めつけてしまうほどだ。

◇シンボルの意味

高校生に意見を求めると必ず返ってくる言葉に「中町には行かない」がある。なぜ中町には行かないのか，その理由は第3節で明らかにするとして，「中町に行く」の意味を履き違えているのではないかと思う。

たとえば、市内の高校生なら中町を通学エリアにしている生徒は多い。通学途中によるスポットがあるかないか、判断はそこにいく。バイパス沿いは、車利用が多い。家族と一緒の意味は余暇時間、つまり休日が多い。日常以外であり、家族でまとまった買い物をする。「出かける」とは、「買い物」という意味に直結している。

日常は中町を利用しても、買い物以外の行動を出かけたとは認識しない。その根拠として、高校生はなぜか中町の実態をよく知っている。自分たちは出かけて中町のことは確認済みなのだ。だから中町の批判ができることにもなる。果たして、高校生は中町のどこまでを理解しているのだろうか。

高校生は中町に「〜がほしい」とよくいう。ほしい対象は決まっている。それはシンボルになるスポットなり、お店である。毎日出かけるわけではないのに、「〜があれば中町に行く」的なのだ。トレンドな世界に強い関心を持つ世代、若者と中年層、そして高齢層ともども目指すシンボル的な環境は共通している。もう少し若者たちの声を聴きたい。

第3節では、フィールドワークで中町商店街という世界を、地元高校生、地元商店主、そしてフィールドワークを行った学生たちの声でまとめてみた。客観的かつ率直な意見が返ってきた。その意見に耳を傾けたい。

第3節　中町商店街という世界

1　学生がみた中町商店街(9)

◇「きれいな街並みと笑顔」

中町商店街をはじめて訪れた。もっと小さな商店街で道幅もずっと狭い商店街を想像していた。大きな商店街であることに驚いた。商店街というよりショッピングモールのような雰囲気さえ感じた。私の街の商店街はもっと生活感が漂い、少し薄汚れた空気を感じるが、中町商店街はきちんと整備され、清潔感を感じた。店内に入っても、きれいな印象が強く残り、地方の商店街というイメージはなかった。

印象に残るのは、商店街の方たちが温かく、親しみを込めて、迎えてくれたことだった。一般に商店街は、地元の人には優しいが、外の人には非常に消極的で閉鎖的な対応をするように思っていた。中町商店街の方たちは笑顔で迎えてくれた。もし一言で表現すると、中町商店街のイメージは「笑顔」であるような気がする。

確かに、人通りは少なかったし、シャッターの閉まっているお店も多く見受けられた。しかしそれ以上にきれいな街並みと笑顔が強く印象に残っている。

(9)　二〇〇五フィールドワーク。九月一六日～一七日に集中して中町商店街を検証。

◇「商店街の力強さ」

商店街というものにこれまであまり縁がなかったのか、商店街に対するイメージはとくになかった。中町商店街に入って感じたのは商店街の人の温かさだ。商店街を歩いている人は、やはり主婦や高齢者がほとんどだった。

印象的だったのは予想以上に高校生をはじめとする若者の姿が多かったこと。商店街は商店主とのコミュニケーションを肌で感じること。シャッターの閉まったお店は多かったが、中町商店街そのもののシャッターは閉まっていない。いろいろなことに挑戦している中町商店街の力強さを感じた。

◇「商店主とのコミュニケーションを学んだ」

商店街のイメージは寂れていて質素なもの。しかし中町商店街を訪れてそのイメージは変わった。きれいに整備された歩道、ある間隔で置かれているベンチ。商店街を訪れる買い物客や観光客はもちろん、高齢者への気配りが感じられた。商店街の範囲は広く、直線の長さはデパート内よりも大きい、さすがに歩き周ると疲れてしまう。しかしベンチがあるそのさりげない優しさはとても大切。街にはたくさんの花もみられ、雰囲気も明るくなった。

何より商店街の方が親切に迎えてくれたことが嬉しかった。お店の方とのコミュニケーションに慣れていない自分であったが、こういう会話を楽しむこともよいものだと思う。フィールドワークをとおして学んだのは、商店街とは商店主との会話を楽しめる場であることだ。商店街の温かさは、商店街の人たちによって生まれてくる。

◇「中町を歩くと酒田全体の文化が感じられる」

一見どこにでもあるような普通の商店街。しかし中町を歩くとなぜか酒田市全体の文化を感じることができる。商店街でなければできないサービス、顧客とのコミュニケーションの場をつくる。商店街の強みはそこにあるようだった。県外県内問わず街に人が集まることが重要である。

◇「東京の商店街との比較」

よく言われているシャッターの閉まったお店の多いのが目についた。私は幼い頃から戸越銀座商店街で育った。全国的にも有名な商店街のある街で、戸越銀座とは違う静かさを感じた。しかしそんな戸越銀座商店街も現状は深刻である。高齢化、有名チェーン店の出店、中町商店街と同じような問題をかかえている。東京のある程度知名度のある商店街と比較するのは間違っているかも知れないが、戸越銀座商店街の成功例が、中町商店街にうまく生かせないかと感じた。

◇「対象年齢を分散化する店舗運営」

中町商店街を歩いて、最初に感じたのは、「広くてきれい」だった。想像していた中町は、もっと狭く入り組んだ道路だった。現実は、きれいに整備され、道幅も広い、何より歩きやすい。その分、人通りが少ないのが目立ち、閑散とした空気が漂っていた。閉じたシャッターの、テナント募集、貸し店舗などの張り紙をみるたびに切なく淋しい気持ちになった。

人が集まる場所の限定され過ぎているところ。利用客の年齢が高いこと。もう少し中心から商店街全体に人を分散させる方法をみつけられればと思った。いまの中町商店街は高齢者向けに限定されすぎている。商店街が進化するためには、幅広い客層が集まりやすい、対象年齢を分散化する店舗をつくることも必要と感じた。

◇「看板などで商店街に誘客」

想像以上に人通りが少ないことに驚いた。一部の店舗のみに人が集まっている。そのお店は若い子向けに人気があり、音楽も店内もお洒落で、工夫が凝らされていた。店主の人柄も大きく影響している。

ただ、あらためて人の温かさを感じた。地域活性化といわれてもあまり意識はなかったが、商店街を周るうちに、酒田独自のスタイル（アイドルまちおこし）で、「心の活性化」が図られているとも言えた。酒田には誇れるものがたくさんある。ウリになるものを看板などで紹介し、人の流れをもっとスムーズにすれば商店街に人を誘導できるのではないか。

◇「一人で商店街に入るには」

最初の中町商店街のイメージは少し入りにくいだった。一人の場合、どのようなルートで周ればいいかわからない。いざ店内に入ってしまえば、商店街の店主の方々がとても温かく迎え入れてくれた。人を大事にしてつくられている商店街だと感じた。

一般の理解は、商店街に入りにくいなので、イメージ打破と、接客するタイミングなど、お客にわからせる何かがあればいいと思った。

◇「〝中町の日〟の効果」

中町商店街に行く前に、映像や記事で情報を得ていたのは、ほかの商店街にはない異空間の場所というイメージだった。しかし実際に行ってみると平日だったこともあるのか、シャッターが閉まっているお店もあり、静かな雰囲気のイメージある中町商店街らしさを感じることはできなかった。

しかし、休日になると平日とは違った雰囲気を醸し出していた。中町の日ということもあり、清水屋横の中町モールのスペースを使ったフリーマーケットによって若者の流れを感じた。地元の特産品を使ったイベントによって老若男女を集めていた。イベントに参加した私自身もワクワクさせられた。地元の人たちとのコミュニケーションもとりやすく、はじめての観光スポットもみたし、酒田の温かさを感じた。「中町の日」的な効果がつねに商店街にもたらすことができれば、まちおこしもよい方向にいくのではないか。

◇「お店に入りたいという雰囲気が必要」

やはりシャッターの閉まっているお店が多い。商店街に音楽は流れていたが、歩いている人も少なく、全体的に静かで暗い雰囲気で、お店に入りにくい印象を受けた。お年寄り向けのお店が多く、若い人が気軽に入れるようなお店はほとんどなかった。

唯一、若いお客さんで賑わっているお店があり、私も純粋に入ってみたいと思えた。お客さんがお店に入りたいという気持ちになるような雰囲気を、中町商店街全体でつくっていくことが必要なのだと思った。

◇「商店街には来る用事がない」

中町商店街に到着して一番に思ったことを正直に言うと、自分が地元の人間なら、来たいとは思わないということだ。「来たいとは思わない」というより、「来る用事がない」である。洋品店はすべて年配向けだし、食事をするところもないし、若者を惹きつけるものがない。買い物をするとしたら清水屋くらいだと思った。

しかしとても印象に残ったのは、商店街の未来を真剣に考える店主の方々である。とても優しく、商店街のことを本当に愛している熱い方ばかりだった。中町商店街はそんな方たちに支えられ、活気を取りもどそうとしている。

◇「〝懐かしさ〟と〝うらやましさ〟も」

いままで映像や資料でみた中町商店街は、多くのシャッターが閉まっていて、寂れているというイメージだった。しかし実際訪れると、イメージほど寂れてはなく、まだまだ商店街としての機能は失っていないのではないかと感じた。活気溢れている商店街という言葉にはまだ遠いが、どうしようもないほどに落ちているようには思えず、まだ希望があると感じることができた。

私の住んでいる街には大きいスーパーがあり、商店街と呼べる場所がない。そのためかなんだか「懐かしい思い」と同時に「うらやましさ」も感じた。

◇「多くの人に訪れてほしい」

中町商店街に入って驚いたことは、まだ昼間なのにシャッターが閉まっているお店が多いことだ。やはり自分の目でみると実感がわいた。しかし清水屋という大きなデパートがあり、観光客もたくさんいるのをみて、最初のイメージは変わった。歩道はきれいに整備され、清潔感があった。近くに日和山公園があり、絶好の写真スポットでもある。放し飼いにされている白い馬。そびえ立つ白い塔（旧灯台）、まさに絵画のようにきれいだった。数多くの人に訪れてほしい。中町商店街の人びととふれあい、その人たちの優しさに触れ、ますます酒田という街が居心地よく好きになった。

◇「平日と土日、賑わいの差」

中町商店街は私の知っている商店街よりも規模が大きく、店舗も多い。実際、商店街を歩いてシャッターが閉まっているお店や空き店舗が多く、人の少ないことに驚いた。歩いているのはお年寄りがほとんどで、若者は少なく、少し寂しい感じがした。しかしそれは平日で、土日はイベントもあったせいか人も多く、若者もいた。中町商店街は、平日と休日の賑わいに大きな差がある。全体からみたらそれほど寂しいという表現は少し大げさかなと思う。東京の商店街と比べるから少ないと思うのだ。

◇「一度訪れたら、また行きたくなる場所」

イベントの開催も重なると商店街の活気は違う。清水屋周辺の盛り上がりは予想以上だった。平日と休日の差を感じた。フリーマーケットでお店を出す若者やベンチに座り腰掛けて団らんするお年寄り。それに両親と買い物をする子どもたちなど、年齢層の幅広さには驚いた。中町モールは貴重な空間だった。車を通していたら毎回のイベントは簡単にできない。

その一方で商店街全体を見渡すとやはりシャッターの閉まったお店が多く、人通りも少なかった。清水屋など一部のスポットだけが極端に盛り上がり、商店街全体でみると、まだまだ理想とは程遠い現状であると感じた。やはりイベントスペースの差であるかも。

しかし今回〝中町の日〟イベントなど、誰かが率先しつつ、街全体で盛り上がっていこうとする温かい雰囲気がそこにはあった。フィールドワーク中も何度となく、声をかけてくれる地元の方たちがいて、商店街らしい、本当に温かなコミュニケーションの場に感動を覚えた。〝一度訪れたら、また行きたくなる場所〟まさにそう思える「優しい」商店街であった。

◇「ゆったりとした時間の流れる商店街〝癒しの空間〟」

中町商店街ではゆったりした時間の流れを感じた。私の地元と同じような雰囲気を感じ、自宅に帰ったようなホッとする安心感というか、心のやすらぎを感じた。中町商店街では、自分のペースで自由に動け、のんびりできる感じがした。

またお店に入る時にちょっと入りにくいと思ってもいざ入ると、お店の人は皆優しくて、気さくな方ばかりで「よく来たね」と温かく迎えてくれた。心の故郷にもどったように感じた。お客さんの大部分がお年寄り、子どもで、騒がしくなく本当にゆったりとした場所だと思った。〝癒しの空間〟だと思う。

2　高校生がみた中町商店街(10)

◇「中途半端な田舎」

酒田の町全体は、寂しい、人がいない、狭い、買い物をする場所がない。ご飯を食べる場所がない。遊ぶところがない。それに中途半端な田舎という気がする。すごい田舎ではないが、都市ではない、地方中小都市のようだ。とくに出かける場所は、ロックタウンという答えが返ってきた。

二年前は、圧倒的にバイパス店舗だった。酒田の中心はどこかという問いには、昔は中町だったが、最近はロックタウンが中心であるような気がする。

中町商店街は、駐車場や駐輪場がもっとたくさんあればいい。交通の便がもっとよければいい。あまり歩きたくない。駅から遠い。遊び、食事、買い物が一ヶ所に集まっていればいいという意見からは、利便性を中心に考えているように思えた。

◇「高校生が食事できる場所がない」

中町商店街には魅力がない。中途半端という指摘がなされた。中町には高校生が気軽に食事をする場所がない。原宿の竹下通りのように、安い洋服屋、お洒落な古着屋、ファミリーレストラン、コンビニ、映画館などがあればいいという意見。

いずれも中町に行くというより、行きたいお店をあげていることが多い。中町商店街を考えてはいない。目的があるか否かで、商店街の判断をしているように思う。

(10) 二〇〇五フィールドワーク。九月一六日。酒田市内の高校生二〇人のヒアリング結果。

◇「中町商店街が嫌いではない」

高校生の中町商店街に対する意見は、寂しく、中途半端、高齢者の街につきる。商店街は早くお店が閉まる。放課後は行けない。ご飯を食べて遊ぶところがない。これらの意見はヒアリング前から予想されていた。

しかし高校生は決して中町商店街が嫌いというわけではない。もっとお店の数が増えたら行きたいということであった。

◇「映画館もない」

買い物に行くとしたら、三川か酒田南店のジャスコがほとんどで中町には行かない。中町に行くとしたら、プリクラか一〇〇円ショップ、ジェラート屋。とくに遊ぶところもなければ映画館もない。酒田では中町が中心ではなくなった。ロックタウンに人が多く集まるようになった。ロックタウンがもっと発展したら中町には用事がなくなる。いまの中町には不満がいっぱいある。中町商店街にはなくて、ジャスコやロックタウンにはあるもの。でもプリクラやジェラートには行く。

結局、目的はどこかによって高校生の意識は変わる。中町の場合、映画館という声が強かった。むしろ高校生が要求するメインスポットが一店舗でもあれば、ほかの商店も引っ張られるように思う。

◇「東京と同じものが買えたら」

メジャーに目を向けている典型的な意見が多い。中町商店街では、デザートや一〇〇円ショップ、それにプリクラという非日常性の多いところがスポットだ。東京にありそうなもの、東京と同じものが買えるところ。高校生は、値段より、いまトレンドなもの、レアな商品類がどこで買えるか、に選択基準があるようだ。その商品が揃っていればどこでもいいことになる。いまは中町には該当しないから中町には行かないというのである。

◇「高校生が入れる店舗の充実」

酒田は中途半端、もっとお店もあれば、とくに高校生が立ち寄れるお店を中町にだしてほしい。遊ぶところや食事をする場所も大事だが、専門的なことを学べるスクールなど、自分を高める施設も少ない。高校生たちは将来のことを考えている。県外の高校生のことも意識にある。卒業してから役立つような、資格や就職試験対策など、キャリアップの環境施設を中町につくってほしい、そんな意見も聴かれた。

◇「一番欲しいのは映画館」

中町に出かけるときは決まった場所に立ち寄るだけ。プリクラかジェラート屋さん。一〇〇円均一に行くときもある。そのほかのお店にはあまり立ち寄る機会がない。休日など遊べる場所がなく、買い物はジャスコが中心。ただジャスコでも、店舗で商品や館内施設のバリエーションが違うので、県内、県外を問わずジャスコには行く。移動手段は車やバスである。高校生にとっては不便。中町に一番ほしいのは映画館。映画館があれば中町に行く。

◇「求めるものは映画館」

高校生が中町商店街に求めるものは、映画館などエンターテインメント的なものが多い。それが中町には足りない。目的をもって中町に行くのは、ジェラートを食べに行くくらいでそれ以外はあまりない。

いま流行の洋服をあつかうお店、映画館などは、高校生には不可欠な対象だと痛感した。市内に映画館がない驚きはいまも強い。

◇「一ヶ所で何でもできる場所が必要」

高校生の余暇時間の行動場所は、さまざまな店舗が入っているショッピングモールに行くことが多い。三川や酒田南店ジャスコ、ロックタウンが代表的。仙台、秋田、東京などにも足を運んでいる。中町商店街には、清水屋があるが、高校生たちが要求する店舗は入っておらず、そこでは満たされなくなっている現状を読み取った。

中町に、全国チェーンのお店があり、ファーストフード、ファミレスのようにご飯をゆっくり食べる場所、それに映画館があればいいと言う。

ないものねだりの回答が多く、要するに高校生は、一つの場所で何でも揃い、何でもでき、一日中飽きることなく遊べる場所を要求している。中町商店街には、その場所がないため足が向かないようだ。また、商店街の閉店時間も早いため、部活動が終わってからは間に合わないという意見もある。

◇「中町よりロックタウン」

いまの酒田は中町よりロックタウン中心となっている。多くの人が集まっている。以前は中町に人が集まったが、お店の数も減り、親世代も行かなくなった。高校生が中町に行くとしたら、ジェラートを食べるか清水屋に寄るかくらい。中町商店街には、いまの高校生たちが求めるようなお店はあまり充実していない。

ここでも高校生が望むお店が中町にないことを指摘する。ロックタウンにはそれがある。その差別化をもう少し掘り下げてみたかった。

◇「中町では欲しいものが手に入らない」

雑誌などをみて欲しいものがあっても酒田では手に入らない。中町に行っても無理。ほかに買い物があればジャスコかロックタウンしかない。

中町というより酒田の街に対して全体的にマイナス意見ばかりが目立つ。住みやすいが自立してもいたい場所ではない。やはり自分の望むものが買い物以外でも、選択肢が限定し、かなうことのない事情が大きい。

◇「全国チェーンのお店があればいい」

中町商店街には映画館もない。プリクラを撮ってジェラートを食べる以外楽しみがない。渋谷の街みたいに古着屋や、食事も全国チェーンのお店が入って欲しい。中町ではなく、洋品店のあるロックタウン、ジャスコでは服を買う。いまは、一つの場所で遊べないので、目的に合わせて場所を移動している。移動手段は車が多い。

目的に応じた買い物の、とくに車を使う移動が多い。高校生は免許をもたないために、頼りは大人になる。結果的に、車移動は週末や休日などに限られるため、買い物を兼ねたとりあえず空間の利用となるわけだ。

◇「低迷したイメージが定着」

高校生が中町商店街に出かける三大要因は、「プリクラ」「ジェラート」「清水屋」である。それ以外に魅力がないのは明確だ。映画館をつくって欲しい。中町に映画館があれば人も集まる。ただ、最近は中町からロックタウンに変わってきた。

中町商店街の低迷したイメージが高校生には強く定着し、疎遠になってしまっている。イメージが先走りして、より悪循環を生んでいる。

◇「一つの場所で満足させること」

いまは、高校生の趣味も多様化しているので、それをすべて満足してくれる場所が必要。中町にはそれが無理。せめて映画館くらいはあって欲しい。

◇「寂しい、地味、遊べない」

満足できない。寂しいし、地味だし、遊ぶ場所がない。そんなに田舎ではないが、都会とは程遠い。どうしてもテレビや雑誌にみる都会のお店をイメージする。それに対して、中町商店街には満足するものがない。とても中途半端に思える。都会にするなら都会的なお店をたくさん用意すべき。

逆にお年寄りには環境もよく楽しめる街だと思う。だから高校生や若い人にはもの足りないのだ。お年寄りが楽しめるというのは、裏を返せばお年寄りのお店が多いことと、のんびりと買い物ができるからであろう。ショッピングモールではあまりにせわしすぎる。

◇「中途半端な商店街」

映画館やファミレス、ファーストフード、安い若者の洋服店などがない。あったとしても洋服店は、品物の量や種類が少ない。かつてあった映画館「港座」は、交通の便が悪く、駐車場にお金もかかり、周りも飲み屋で行きにくかった。中町商店街の真ん中に映画館があれば必ず行く。いまのところ中町は、つまらない中途半端、お年寄りの街である。

やはりシンボルの重要性だ。中心に映画館がそびえ立っていたらイメージは変わるだろう。

3　商店主たちの〝いま〟(11)

◇「冷静に現実をみている」

バイパス店舗や三川ショッピングモールなどの開発が進み、商店街の現状はもっと厳しくなるだろう。冷静に商店街の対応を考えなくてはならない。いつも心がけているのは、郊外型大型店舗との顧客獲得にあたっては、大型店にできない顧客一人ひとりのニーズに応えること。お店がコミュニケーションの場であることは、一人暮らしなどのお年寄りにはとても必要なことだ。顧客満足度を高めて行くことが商店街の発展につながると思う。

(11) 二〇〇五フィールドワーク。九月一六～一八日のあいだ、ランダムに商店街店主へ学生が実施したヒアリングの総括。

高校生や若者が要求している商品開拓については、店の業種によるために難しい部分はある。実際は中町商店街に来ている高校生も少なくないことを指摘された。

◇「商店街の活性化は長続きしない、しかし続ける」

確かに商店街の現状は厳しい、商店街の活性化をはじめても長続きしない現実がある。それでも続けること。そして郊外型店舗も参考にしながら、商店街独自のサービスをして客を呼びたい。人間関係の希薄化のなかで、商店街は高齢者にとって、コミュニティの場として必要であり、人のつながりが商店街の強みである。

商店主からかけられる言葉は、フィールドワーク中も自信につながった。商店街のよさは、このコミュニケーションにあることを四日間にわたり実感した。

◇「九九%厳しい状況」

年々大変になってきていることは事実。周辺のショッピングセンターの勢いはどんどん進んでいる。商店街は九九%厳しい状態である。商店街でなければできないオリジナル。商店街の場がお客さんとお店のコミュニケーションの場、お客さんどうしのつながりなど、商店街の発展していくきっかけはここにある。

市民でも観光客でも、商店街に集うということ、そのためのイベントは欠かさないようにしている。各種のイベントがメディアなどで紹介されれば活性に役立つと思うが、現実はわからない状況。

◇「中町商店街はコミュニケーションルート」

ジェラート人気を支えている店主は、材料をすべて地元のものにすることで、地元の農家などにも貢献できる。中高生たちに、ジェラートをとおして特産品の話などをすると意外と理解してくれる。ある店主は、中町商店街はコミュニケーションルートであり、会話を求めてくるお客さんも多い。高齢者ばかりではなく、若いお客さんでも話をしたがっている。話が面倒だという意見を多く聴くために、中町は嫌だという認識もあり、それを払拭することも必要かも。

アイドルイベントなど実際の売り上げに影響しているのは微々たるもの。しかし一％でも増えれば効果と言えるだろう。二年前はアイドルの存在自体を認めていなかった商店街関係者もいまは興味を示す人も増えた。

◇「中町ならではの空間」

アイドルプロジェクトなどで、地元と県外、いろんな人が集まるようになった。あらたなコミュニティも生まれている。儲けを考えるなら地元の人がいいが、ふだん出逢えない県外のお客さんたちと会えるのも楽しみになっている。いろんなお客さんが交じるところに商店街のよさもある。

そのためにも中町商店街だけの場、ここならではの場としてのコミュニティ空間をつくっていきたい。このまま寂れていく商店街を傍観しているのではない。あきらめない姿勢をいろんなイベントを通じてアピールしていきたい。

◇「活性化は商店主そのものへ向けること」

バイパス沿い大型店舗への人の流れを食い止めることは難しい。お客さんの流れも変わってしまった。これは現実である。中町は中町としてのオリジナルを発揮し、独自のイベントを立ち上げてもきた。アイドルプロジェクトもそうであった。ただ、数字で表せるような経済効果は分からない。むしろ経済効果以上に商店主どうしの心の活性化に果たす役割は大きいように思う。

よく地域活性化は経済効果と連続して問われている。事実そうである。それは疑い得ないことであり当然のこと。しかし、自分たちが企画し、発信するプロジェクトには、商店主自ら夢や誇りをもって取り組める、そんな意識は、商店主自身に向けたメッセージでもある。単純にお客さんいっぱいで賑わうことイコール活性化だけに陥りたくない。

◇「特定の階層の顧客に満足される重要性」

商店街にはその商店街にあったスタイルがある。中町商店街は幅広い客層を求めるのではなく、ここに来てくれる顧客へのサービスを大切にする。大型店舗にはできない顧客と店主との直接的で親密な空間を、提供することを目指している。

◇「大型店舗から商店街も学んでいる」

商店主に共通の意見は、大型ショッピングセンターの存在によって、受けている厳しい経営状況。地元の人びとを相手に商売するとなると、一つの場所で必要なものが何でも揃ってしまう大型店の便利さにはお手上げである。

若い人に人気のジェラート屋さんは、確かに中高生が多いが、午前中には年配の方も多数訪れるという。ジェラートはどの世代にも満たされるという理由もあるが、毎月メニューを変えてみたり、味の種類を変えたり、酒田の季節やイベントに合わせたメニューを出したりしている努力。気軽にお客さんに笑顔で話しかける店主の人柄も大きい。なぜ高校生の多くは、中町ではジェラート屋さんにだけ入るのかというわけも分かってきた。幅広い年齢層のお客さんを惹きつけていることを感じた。

また商店主も大型店に行き、そこで人びとは何を求めているのかを勉強して、自分のお店にも取り入れているという。もう少し中町商店街全店舗の意見を拾い上げてみる必要があることも痛感した。

◇「商店街全体の意思疎通」

商店街はシャッターを閉める店舗が増え、郊外には大型店舗が増えていく。中町の現状も年々厳しい。地元の人や観光客を商店街に流すことが困難でも、商店街の魅力、商店街ならではのサービスを認めてもらえる機会も多い。

よく言われている年配の一人暮らしの増加、親しい会話の欠如、それをカバーする場にいまの商店街の存在は大切と考える。状況をもっと把握し、多様な意見を吸収し、商店街全体の意思疎通を図り、バラバラではなく機能に応じて、全体のまとまりができたら、中町商店街は強力なエリアになると思う。

課題はヤマのようにあるが、商品の数やフロアーの広さなど到底太刀打ちできない商店街。いまの中町に不足している、商店街全体での協力が進めば、かなり差別化が図れる状況へと展開するのではないだろうか。

◇「〝人に会う〟商店街」

中町商店街は、物を買うだけではなく、「人に会う」商店街だ。人が集まれる場所も多数用意されている。高齢者だけの街ではない。若い人の喜ぶ商品も多い。しかし高校生を中心として、中町には若い人向けの空間ではない意識が広がり、それがお店の数や休憩場所、遊ぶ場所のない寂れた商店街というイメージになってしまった。これは商店街の責任でもある。

商店主たちも口を揃えて言うことは、中町は、人が人に会う楽しみもあることだ。対人関係が面倒くさい人は、それに見合った場所で買い物をすればいいのだし、会話もしながら商品を購入したい人は中町に来ればいいのだし、目的に応じた消費を楽しめばいい。わかりきっていることだ。でも多くの市民はそんなことはおかまいなしに、商店街の批判をしている。あまり意味がないのではと思った。中町を好んでいる人たちの声は聴かず、中町には何もない的な意見ばかりでは、商店街のメリットもしぼんでしまう。

◇「郊外型大型店舗VS中町商店街の図式?」

一般的な見方になっている、郊外型大型店舗対中町商店街の図式は正しいのだろうか。商店街は大型店舗に比類ない部分は多い。それは商店街の誰もが認めている共通の認識だ。客の流れを呼び戻すことは相当の時間と努力が必要となってくる。時間をかけて云々というレベルでもない。

中町商店街に根ざしている消費文化、中町を訪れて目的を達する消費者。つまり商店街では、顧客の確保が最優先課題であり、そこには商店街らしさが存在している。それを基本としてバリエーション溢れる中心商店街のイベントを打ち出し、中町のよさを広げていくこと。今後もこのスタイルは貫いていかなければならない。

第4節　メディアが報じたフィールドワーク二〇〇三「中心商店街の活性化」

1　活字メディアの報道

◇『山形新聞』（二〇〇三年九月一三日付朝刊）

『大学生、商店街活性化を調査　「ＳＨＩＰ」どんな効果？—酒田、本音拾い、具体策示す—』(12)

大学生たちが一二日、酒田市中町商店街の企画による「酒田発アイドルプロジェクト」でデビューした「ＳＨＩＰ」が、地域づくりに果たす役割や効果などを検証するフィールドワークを始めた。一五日まで酒田に滞在し、ＳＨＩＰメンバーをはじめ、幅広い年代の市民から率直な声を集める。

調査は、大学生二三人。地方都市の商店街が、全国に先駆けてチャレンジしたプロジェクトの効果や、市民への浸透度合いを探るのが目的。〝等身大〟アイドルグループが、地元の同世代や中高年層にどのように受け入れられているのかも探る。

市内の高校を訪ね、ＳＨＩＰと同世代の若者から意見を聞いた学生らは、中町商店街に移動。

(12) 本文記事の抜粋。佐藤善哉記者担当。

ＳＨＩＰグッズを開発、販売している商店などを訪問し、店主から〝本音〟を聞いて回った。

ある商店主は「ＳＨＩＰグッズは、本当のファンしか買わない」と売り上げに直結していないことを明かす一方、「一般客が〝こんな物あるんだ〟と興味を示してくれる。コミュニケーションの道具として大いに役立っている」「そもそも売り上げ増を狙った企画ではない」などと説明。学生たちは「新しい分野を切り開いている取り組みに見える」などと感想を口にしていた。

教員は、「商店街活性化には全国統一の手法はあり得ず、各地域に適応した仕掛けが必要。中町商店街については抽象的な調査に終わらず、ヤングやミドルエイジの意識の乖離を埋める具体策を提示したい」と話している。

◇『荘内日報』（二〇〇三年九月一三日付）

『若者の〝頭脳〟で活性化―大学生二三人が来酒、地元高校生と意見交換―』(13)

教員と学生二三人が、フィールドワークの一環として一一日から四泊五日の日程で酒田市を訪問。二日目の午前は市内の高校を訪れ、一～三年生一七人と「地方都市活性化と若者文化」について意見交換した。

今回のフィールドワークは「地方都市活性化の試みと世代間にみる影響の流れ」のテーマを掲げ、学生から酒田市の中町商店街の活性化に向けた方策を探ってもらおうと企画。高校生、大学生、一般消費者、商店街店主らを対象に意見を聴取し活性化案を考察している。

一三日午前は、中心商店街について若者の考えを聴取しようと、市内の高校を訪れた。学生の質問に生徒たちが答える形で行われ、「酒田で若者が集まる場所は」「酒田にどういう店があれば良いか」「大都市への憧れは。卒業しても酒田にいたいか」などの質問が出された。

---

(13) 本文記事の一部抜粋。堀裕記者担当。

これに対し、生徒たちは「中心商店街は部活が終わってからだと閉まっていることが多い。営業時間を長くすれば、若い人も行きやすく活性化につながるのでは」「商店街には座れる場所がない。ファーストフード店があれば、『たまり場』になるのでは」「卒業しても酒田にいたいが、酒田はできることが限られ、離れないと何もできない」など、若者らしい意見を出していた。

担当教員は「高校時代、授業が終わると駅前の大型店に行き、週に一本は中町で映画を見た。懐かしい思いも、大火で一変した。今後は都会にない、酒田のオリジナルを探っていき、この日出された意見も含め提言としてまとめることができたら」と話していた。

◇『荘内日報』(二〇〇四年二月一〇日付)

『酒田大火前の環境再構築を、中心商店街活性化で提言―フィールドワークの研究報告書まとめる―』(14)

昨年、「地方都市活性化の試みと世代間にみる影響の流れ」のテーマを掲げて酒田市内で展開したフィールドワークの研究報告書が、このほど完成した。市内在住者の各世代へのヒアリング調査で得た意見などをもとに、中心商店街の活性化策についてまとめている。

この報告書にかかわるフィールドワークは、中心商店街活性化に向け「酒田の持っている可能性」を表出させようと企画。昨年九月一一日から四泊五日の日程で、高校生、学生、一般消費者、中町の中心商店街店主らを対象にヒアリング調査し、商店街の可能性や活性化策を探った。完成した報告書はA四判一一九ページ。報告書は五章と結びとからなる。結びでは、中心商店街活性化に向け「グリーン・ハウスがあった時代を考える」「中町商店街のストリートカルチャー」

(14) 本文記事の一部抜粋。堀裕記者担当。

「フィードバック、柳小路マーケット的空間」など六つを提言している。

そして回顧的思考とは異なる、昨今の古い映画やテレビ番組のリバイバルヒット、カバー曲ブームなどを上げ、「酒田のよさを凝縮していた（酒田大火のあった）一九七六年までの環境を、再構築する時機に入って久しい事だけは確かである」と結ぶ。

この報告書に関し、酒田産業会館で一一日午後三時から開かれる「中心商店街活性化アクショングループ」の勉強会で、報告を兼ねた講演を行う予定。

◇『山形新聞』（二〇〇四年二月一三日付朝刊）
『古さと新しさ融合の商店街　「メディア文化」視点に―酒田・中町活性化へ報告書―』(15)
独自の取り組みでアイドルグループ「ＳＨＩＰ」を誕生させた酒田市の中町商店街を舞台に、中心市街地活性化の方策などを探ってきた教員と学生たちは、このほど結果を報告書にまとめた。酒田大火以前に地域文化を支えた映画館グリーン・ハウスの存在や、〝商店街アイドル〟の話題性などに着目し、酒田を「メディア文化」のある街と定義。今後の活性化に欠かせない視点であることを予見している。
報告書は、去年九月に学生たちが同商店街で行ったフィールドワークや首都圏大学生への意識調査などに基づいて作成された。地元高校生はＳＨＩＰについて、かなり冷めた目で見ている現実を明らかにしているほか、商店街でも「経済効果はほとんどない」とする見方が多いことを紹介。
一方、ＳＨＩＰの活動やグッズの存在が、客や商店同士のコミュニケーションツールとして大きな役割を果たしていることや、アイドルを育成しようという取り組みがメディアから多角

(15) 本文記事の抜粋。井上晃一記者担当。

的に取り上げられたことの波及効果に言及している。

これらを踏まえ、商店街再生の方策として、若者と中高年層が融合する環境整備を提案。具体的には、中町商店街から日和山までの通りを、既存商店の役割を生かしたオールドストリートと、休日にフリーマーケットなどを展開できるニューストリートに分化し、定期的に市民の文化発表のようなイベントを企画することなどを挙げた。

さらに、かつて地域文化に活力を与えた映画館グリーン・ハウスや、伝統様式から一線を画し地方都市に根差した存在になっている酒田舞娘、全国の耳目をあつめたSHIP育成プロジェクトなどから「メディア文化の街」というキーワードを抽出。「酒田はメディア文化のある街にふさわしいプロジェクトを、これからもプレゼンテーションし続けていくであろう」と結んでいる。一一日、酒田産業会館で商店街関係者らに研究の成果を発表した。

◇『荘内日報』(二〇〇五年七月八日付)
『メディア文化環境の構築を　商店街活性化の課題探る—アイドル効果など一冊に—』(16)
このほど、メディア文化論を取り入れながら同市中心商店街の活性化に向け課題を探った『メディア文化の街とアイドル』を刊行した。同市のメディア文化の象徴だった映画館「グリーン・ハウス」について考察した上で、同市のアイドルグループ「SHIP」が中心商店街に与える影響をまとめている。
一昨年九月に著者と学生二三人は、「酒田の持っている可能性」を表出させることを目的に同市内でフィールドワークを実施。高校生、学生、一般消費者、中町の中心商店街店主らを対象に活性化策についてヒアリング調査した。

---

(16) 本文記事の一部抜粋。堀裕記者。

今回刊行された著書は、フィールドワーク調査をまとめ、メディア文化と中心商店街活性化の関係を説明。七章と結びで構成している。このうち結びでは、中心商店街活性化に必要なものとして「『グリーン・ハウス』的なメディア文化の構築」を挙げた上で、「(酒田大火が発生した)一九七六年の酒田は戻らない。週末ごとに大勢の人たちで混雑した中町をみることはできない。それでも酒田のよさを凝縮していた一九七六年までの環境を、二一世紀的に再構築する時機に入っている」と解説する。

また「SHIP」については「現在進行形でも過去形になっても、グリーン・ハウスと同じ酒田のメディア文化の象徴として、メディア文化の視点で語り続けられていくことが可能」と説明している。

著者は「『グリーン・ハウス』から『SHIP』の流れに注目し、その影響と効果を若者たちの意見を参考にして中心商店街活性化に向けた具体的な視点を探り、課題の解決を目標にしたのが本書」と話している。

◇『朝日新聞』(二〇〇五年七月一四日付朝刊)

『ご当地アイドル研究書―街とのかかわり探る―』(17)

この数年、町おこしを狙って結成された「ご当地アイドルユニット」が各地に生まれている。ご当地アイドルが町にどんな効果をもたらしているのか。『メディア文化の街とアイドル』は山形県酒田市の商店街が生んだ女性四人組「SHIP」と町のかかわりを、社会学者とゼミの学生たちが分析している。

著者は、かつてユニークな映画館があった酒田市を「メディア文化の街」と呼ぶ。その環境

(17) 鈴木京一記者の署名記事。

で育った人々がＳＨＩＰを生み出した。

今やＳＨＩＰのイベントには熱心なファンが全国から集まる。居酒屋が、ファン同士のコミュニケーションの場にもなるなど、商店街の活性化にも貢献しつつある。

著者は、ＳＨＩＰを軸に新たな「メディア文化の街」をつくることを提言している。

◇『山形新聞』（二〇〇五年八月三〇日付夕刊）

『娯楽性を核に商店街を活性化―酒田の「ＳＨＩＰ」人々結ぶ―』[18]

七月七日の七夕に出版された『メディア文化の街とアイドル』のポイントは、「メディア文化の街」と「アイドル」にある。メディア文化の街とは「酒田」であり、アイドルとは「ＳＨＩＰ」のことである。

かつて酒田には「グリーン・ハウス」という映画館が存在していたが、一九七六年一〇月の酒田大火で焼失した。大作では、東京―酒田同時ロードショー公開が行われていた。館内にはお洒落なショップやカフェが並列。中町商店街の中央に位置していたこの劇場は、当時のファッションスポットを形成していた。七〇年代に存在したメディア文化の環境下で影響を受けた酒田の人びとは、二〇〇〇年代に入り、商店街活性化をテーマにアイドルを誕生させた。それがＳＨＩＰであった。商店街アイドルへの動きは、そんな歴史的な流れのなかでつねに潜在的に進行してきた結果、表出したものであった。ＳＨＩＰは多彩な活動を通じて、酒田という街を全国に発信し続けている。

本書では、グリーン・ハウスからＳＨＩＰまでの流れに注目し、その影響と効果を若者たちの意見を参考に分析。さらに中心市街地活性化に向けた具体的な視点を探り、課題の解決を目

---

(18) 本文一部省略。

標にまとめたものである。とくに若者への調査では、大学生四〇〇人に商店街の是非を問うた。その結果を根拠にしながら、商店街活性化に必要な方策を提示した。

注目したかったのが酒田の街には、エンターテインメント性の高いメディア文化がそのベースにあるからである。日常の生活空間において娯楽性に長けたモデルを消費するという選択パターンは、誰しもが抱いている。娯楽性の高い選択肢があれば、日々の楽しみも倍増するであろう。商店街の活性化とは、そんな一コマをつくり出すことにあると考えた。

「アイドルは商店街を救うのか⁉」。本書のカバーに記されたコピーの意味するものは？ 直接的な解釈はここでは不要と考える。SHIPの役割は何か。SHIPの目指してきたものは何か。SHIPと商店街のゆくえは？ その答えは、著者の帰結として本書の結びにおいた。

今年五月に、「最上川・赤川合同水防フェア」、六月に「さくらんぼまつり」、七月に「メロンまつり」と「酒田港の夕べ」、そして八月には「中町夏まつり」と、SHIPの出番は続く。毎回地元以外から少なくても六〇人前後のファンが酒田を訪れる。なかにはみこしを担いだり、商店街で売り子さんをやったりと、地元の人以上に酒田を知り、酒田の見どころを案内してくれる。

これらの媒体になっているのがSHIPだ。『メディア文化の街とアイドル』で指摘したのはまさに、こうしたコミュニケーション空間の機能性である。このような空間こそ、街や商店街の活性化の可能性を秘めている。中町商店街に行けば、自己の欲求が満たされる。商店街とはそんな人びとの集まる場所なのだ。SHIPという中町商店街発アイドルプロジェクトの成果は、ここに帰結している。

2 電波メディアの報道

◇日本テレビ系列『YBCニュースプラス1』(二〇〇三年九月一五日OA)

『アイドルプロジェクトの効果はいかに―アイドルグループ「SHIP」の波及効果は―』(19)

東京の大学生が酒田市の中心商店街を訪れ、アイドルグループSHIPの波及効果を探る調査研究をはじめました。

SHIPの研究に乗り出したのは、担当教員と東京の大学生二三名。担当教員は「私の出身地だから、私自身の想い入れとは別に、客観的に学生に酒田の街をみてもらうこと。酒田の街の現実、酒田のアイドル、それに対して若い学生たちはどのように考えるか。学生たちの肯定・否定含めての意見は今後の酒田をめぐるあらたな展開になると思います。」と。

商店街が支える地方限定アイドルSHIP、関連グッズを製造販売する商店主たちの一店一品運動の輪は序々に広がりをみせて、この夏、その数は二三品目に到達。街に人を呼び寄せる効果を生んでいます。

商店街のパワーをこの目で確かめたい、酒田を訪れた学生たちは、SHIPグッズを販売するお店をくまなく周り、商店主たちの声を集めます。あるお店では、SHIPのロゴを入れた「めがね拭き」と「めがねケース」を開発、売り上げに直結しているとはいえないと語る。店主は、「SHIPのレッスン会場が近く、この店は県外から訪れる熱烈なファンのサロンのようになっています。新潟や古川だとか、山形だとか、そういうところから来ています。たとえば、何もないのに、ここにSHIPがいるんじゃないかと、いなくてもここでみんな話をして、やっぱり来てよかったとかいって、また帰っていく。こんな方がたくさんいて驚いていています」と。

(19) リポーター井上晃一記者、秋山裕靖・斉藤桃子キャスターコメントの一部抜粋。

調査をしている学生たちは、何が商店主たちの力となり、何が街を活気づけていくのか、そのヒントをノートに書きとめていました。学生の代表二人に話を聞きました。

学生１「お互い相乗効果みたいな、商店街の人からＳＨＩＰが応援されて、商店街の人もＳＨＩＰの活動をみて、自分たちも元気のもとをもらっているという感じを受けました」

学生２「酒田は既にオリジナルのものがいっぱいあります。アイドルプロジェクトにしろ、新しいまちづくりにしろ、酒田のいいところ伝統は残すべきだと思います」と話していました。

さらに担当教員は、「やはり酒田のオリジナルとして、酒田発アイドルプロジェクトは、全国に発信しました。このプロジェクトには肯定と否定の両側面はあると思います。しかし現実にＳＨＩＰは登場し、いろんな効果を全国的におよぼしている。そういう意味では、大きな動機というか媒体になっていると思います」と話していました。

四泊五日の日程で行われた今回の調査。学生たちのリポートは、商店街活性化の提言として、年内に文書にまとめ、経済団体や行政機関、マスコミなどに提出されるということです。

このＳＨＩＰの影響は全国的に広がっていきそうですね。学生たちの目でみたリポートが楽しみです。

◇日本テレビ系列『YBC社説放送』(二〇〇三年九月二六日OA)

『アイドルを学問すると』(20)

九月中旬に東京の大学生たちが酒田市の中心部にある中町商店街を訪れてフィールドワークを行いました。

酒田のアイドルグループＳＨＩＰは、郊外店の進出などで地盤沈下が進む中町商店街を活性

(20) 鈴木雅史山形新聞論説委員担当。

化しようと商店街の有志たちが中心になって誕生させたプロジェクトです。二〇〇一年秋の公開オーディションで選ばれた少女たちは、商店街の空き店舗で、ボイストレーニングやダンスのレッスンなどを積んだあと、昨年八月にデビューコンサートを開きました。さらに自主制作CD『Ｏｌｌ　Ｍｙ　Ｌｏｖｅ―君の夢に届くまで―』をリリース。今年四月には全国デビューのシングル『少年ｍｉｎｄ』、六月には『笑顔』を発売しています。

学生たちは、商店街の人たちや酒田市民は、ＳＨＩＰというプロジェクトをどのようにみているかを調べています。フィールドワークの目的について担当教員に聞きました。

「今回、酒田でフィールドワークを実施することになりました。今回のフィールドワークの対象は中町商店街にあります。中町商店街というのは一九七〇年代を中心に、全国でもまれにみるグリーン・ハウスという映画館を代表とするメディア文化の潜在的な街であったということがあげられます。潜在的というのは、東京と同時ロードショーをするグリーン・ハウスの存在が、当時の若い人たちの心を惹きつけ、東京と酒田が同じ目線にある。つまり（映画に関しては）同じ距離にあると認識させてくれたことです。

その結果、（その時代の影響を受けた世代たちが）あらたな試みとして商店街では、ＳＨＩＰという酒田発アイドルグループを登場させました。そのＳＨＩＰの効果として、地元酒田の若い人たちはどのようにとらえているのか、ミドルエイジはどう考えているのか。それを探ることが今回の調査の大きな目的です。そして今回フィールドワークすることにより、ＳＨＩＰと同じ世代の高校生たちの率直な意見、等身大ゆえの問題である批判的な視点。酒田のメディア文化を背負ってきたミドルエイジたちの側面的な支援、両者にある乖離を今後どのように収斂していけるのか。今回の大きなテーマになっています。今回のフィールドワークをとおして少しでもその先にみえるものが明らかになればと考えています」

（以上のコメントから）ふるさと酒田への想い入れが研究への動機となっていますが、それだけではありません。ＳＨＩＰは、最近のほかの地方でも発生している地域限定アイドルとは違うといいます。ほかの地域限定アイドルは、ミニモーニング娘なのに対し、ＳＨＩＰは地元の中町商店街が最初から主体的にかかわっており、中央のプロダクションに所属させることなく、地道なアイドル戦略をとっているため、ほかとは違う硬派の要素があるといいます。事実、プロジェクトは最近ビジネス雑誌でも紹介されました。

今回のフィールドワークで学生たちに、商店街活性化としてのＳＨＩＰの仕掛け人は、まちおこしとして成功かどうかの答えは、数年先に出るだろうと率直に語っています。ＳＨＩＰのユニフォームやＴシャツ、ステッカーなどを販売している洋品店の店主は、ＳＨＩＰのファンは幼稚園児から中高年まで幅広く、新潟や関東、関西からも訪れていると。

また、学生たちはＳＨＩＰと同年代の高校生たちの反応も聴いています。さらにＳＨＩＰのライブをみる機会もありました。学生の代表二人に話しを聴きました。

学生１「はじめて酒田に来ました。商店街という響きから私の身近にある商店街と同じように考えていました。ところが酒田の街の中町商店街という商店街の位置づけが、私のなかの商店街の認識と大きく違うことをここに来て気がつきました。商店街のみなさんのお話を聴いて、ふれて、とても感じることがありました。確かに身近である商店街のはずなのに、特別な歴史のある中町の位置づけの高さ、商店街の人たちの想い込み、そのなかでＳＨＩＰの活動の力、応援しているところにとても惹かれつつ、調査を続けていきたいと思いました」

学生２「今回、学生たちと商店街の活性化の問題を考えました。みんなの意見では、商店街には入りにくいという意識がありました。一度入るまでは度胸が必要でした。一度お店に入ると、商店主の方はみんなやさしく、親切で、また来たいと思いました。それからＳＨＩＰショップで彼女たちのデビューコンサートの映像をみました。とてもかわいく素直に応援したいと思いました。東京からＳＨＩＰのことを応援しています。がんばってください」

中町商店街にはかつてグリーン・ハウスという映画館がありました。東京と同時公開のロードショーのほか、名画座では名作を上映、さらに喫茶店、ショップもあって、現在のシネコンのさきがけ的存在でした。このように酒田は県内でも独特のメディア文化をもつ街でした。しかし一九七六年の酒田大火の後、酒田は酒田でなくなったと感じています。

そこに誕生したのがＳＨＩＰです。ＳＨＩＰをあらたな核として、商店街、酒田ならではの洒落た日常を離れた空間を生み出すことができるのか、今後の研究成果がまたれます。

第５節　メディアが報じたフィールドワーク二〇〇五「中心商店街の進化」

１　活字メディアの報道

◇『山形新聞』（二〇〇五年九月一七日付朝刊）

『学生、商店街研究　活性化どうする？―酒田「ＳＨＩＰ」など通し探る―』(21)

学生一六人が、一五日から四泊五日の日程で酒田市を訪れ、中心商店街の企画による酒田発

(21)　本文記事の抜粋。平剛史記者担当。

アイドル育成プロジェクトでデビューした「ＳＨＩＰ」の商業効果などを検証しながら、商店街にいかに人を呼び込むかという観点から活性化策をまとめる。

訪れたのは教員と学生。今回の研究では、道と人の流れに着目した。山居倉庫などの観光施設や日和山公園、服飾関連の各施設を、中心商店街とつなぐルートを独自に設定し、観光イベント、ファッションを融合したにぎわい創出の方策を探る。

一行は一六日、地元の高校生からＳＨＩＰのイメージを聞いたり、市内を歩いて調査。ある店主からは「ただの買い物の場ではなく、住民とのコミュニケーションの場としての役割も担っている。ＳＨＩＰの影響で他県からの客も確実に増えた」などと説明を受けていた。一七日もフィールドワークを続け、一八日には、同市の中町まちづくりサロンで地元商店関係者、ＳＨＩＰファンらと討論会を開き、研究の成果を発表する予定。担当教員は「より実効性の高い方策を提案したい」と話している。

◇『荘内日報』（二〇〇五年九月一七日付）

『「商店街の進化」考察　学生とフィールドワーク[22]』

学生一六人が、フィールドワークの一環として一五日から四泊五日の日程で同市を訪問。二日目の一六日午前、地元の高校を訪れ、一～二年生二〇人と意見交換した。

一昨年九月にも同市内でフィールドワークを実施。市内の高校生、大学生、一般消費者、中町の中心商店街店主らを対象に活性化策についてヒアリング調査を行い、研究成果として本年度著書を刊行した。

今回のフィールドワークは「メディア文化の街と商店街の進化」のテーマを掲げ、学生から

(22)　本文記事の一部抜粋。堀裕記者担当。

中町商店街がどのように進化していくべきか探ってもらおうと企画。市内に滞在しながら、高校生、大学生、一般消費者、商店主らを対象に意見を聞き「進化」について考察している。

一六日午前は、中心商店街活性化に向け若者の意見を聞こうと、市内の高校を訪ねた。学生の質問に生徒たちが答える形式で行われた。学生たちは「目の前にジャスコ酒田南店、同三川店、ロックタウン、中町商店街があったらどこに行く?」と質問、生徒たちは「ジャスコ三川店。中町には魅力も、見るべきものもない。中町には最近、プリクラを撮りにしか行かない」と答えていた。

また、「卒業したら東京はじめ県外に行きたいか。酒田から出たいか」の問いに対し、生徒全員が「はい」と回答。「遊ぶところがない」「映画館がない」など思い思いの意見を出していた。

同日午後には中町商店街の商店主にもヒアリング調査。今回のフィールドワークの成果について、一八日午前一〇時から同市の中町まちづくりサロンで発表会が行われる。

◇『山形新聞』(二〇〇五年九月一九日付朝刊)

『中心商店街どう誘客―学生がシンポジウム―』(23)

「商店街の進化」をテーマに、酒田市の中心商店街に人を呼び込むルート調査をしている教員と学生らが一八日、市内の中町まちづくりサロンで「中町シンポジウム」を開催した。中町商店街の企画で誕生したSHIPのファン、商店街関係者ら約五〇人と意見交換した。

一行は、SHIPを題材にした研究を続けており、一五日からきょう一九日までの日程で滞在している。学生らは市内でフィールドワークを行い、この日、「コミュニケーションの場として、人間同士のふれあいに重点を置いた活性化の取り組みが必要だ」などと報告した。

---

(23) 本文記事の抜粋。平剛史記者担当。

商店街関係者は「地元で商売をする人たちは、ＳＨＩＰの活動を通して、夢や希望を持ち始めている。長期的な視野で活性化に取り組んでいきたい」などと述べた。また、ＳＨＩＰのファンは「職場では恥ずかしくて『ＳＨＩＰのライブを見てきた』とは言いづらい。この垣根がなくなれば、ファンの数も広がっていく」などと話した。

学生らは同日、市内で開かれたＳＨＩＰのライブも鑑賞し、市民らと交流した。担当教員は「中心街にも人の流れが少ない空白域がある。今回の検証をふまえ、今年中にもルートを提示したい」と語った。

2 電波メディアの報道

◇日本テレビ系列『山形新聞ニュース』（二〇〇五年九月一八日ＯＡ）

『〝ＳＨＩＰ〟誕生の酒田で大学生が商店街の進化研究[24]』

アイドルグループを誕生させた酒田市中心商店街で、（東京の）学生たちが現地を訪れ、商店街の進化や人の流れなどを検証しました。

フィールドワークを行ったのは一六人で、今月一五日から四泊五日の日程で酒田市を訪れました。酒田を訪れるのは二度目で、今回は商店街の進化と人の流れが研究テーマです。酒田は人気アイドルＳＨＩＰを登場させた街。学生たちはＳＨＩＰのライブを観たり、商店街を歩いて関係者に聴き取りなどをしながら調査していました。

学生は、「ＳＨＩＰは、商店街の人たちと県外客のコミュニケーションの媒体になっている

（24） 陣内倫洋キャスターコメントの一部抜粋。

と思います。少しでも街が活性化していけばいいと思います」と話していました。

学生たちは年内に研究成果をまとめる予定です。

◇日本テレビ系列『YBCニュースダッシュ』（二〇〇五年九月一九日OA）
『〝SHIP〟と商店街―商店街は…… 人の流れは…… SHIPと中心商店街を研究―』[25]

商店街のアイドルグループで街はどう変わったか、フィールドワークを進める大学生たちを取材しました。

さて、二年前になりますがアイドルグループを誕生させた酒田市の中心商店街を研究している大学生がこの週末、再び酒田を訪れました。商店街はどう進化したのか、人の流れは、フィールドワークを行う学生たちを取材しました。

酒田市の中心商店街、学生たちの熱いまなざしは、そう酒田の商店街から生まれたアイドルグループSHIPのライブ、学生は一六人、今月一五日から今日まで酒田の商店街でフィールドワークを続けてきました。ちょうど二年前にもSHIPと商店街のかかわりをテーマに商店街を訪れています。その後、商店街はどう進化したのか、それが今回の大きなテーマです。学生たちは商店主に質問をぶつけました。

学生「これから商店街が人の流れをつくるためにどんな対策をとっていったらいいのか」

商店主「商店街でしかできない個別、具体的なニーズをつかんだり、手厚い顧客満足度を高めていかないと大変だと思います。それにかかってくると思います」

SHIPのグッズや写真を飾っているお店では、学生が商店主に、「このサインは本人から直接もらったのですか」、商店主は、「ファンの方が持ってきてくれるのです。なかったら飾っ

(25) 荒木重弥記者取材、秋山裕靖・金本美紀キャスターコメントの一部抜粋。

ておいてくださいって」。

ＳＨＩＰを生み出した商店街と県外からやってくるファンの深い結びつき、学生たちはあらたな発見をしました。二年前にＳＨＩＰと商店街を研究した学生たちは既に卒業していますが、今回酒田を訪れた学生たちの目に商店街の変化はどう映ったのでしょう。

学生１「ファンの方とお店の方や酒田の人びとがコミュニケーションのとれる場を設けていて、人と人の出会いがはじまり、コミュニケーションの媒体として、ＳＨＩＰが存在することがわかりました」

学生２「少しずつ少しずつでも、明るい誇りのある商店街が活性化していけばと思います」

担当教員は、二年前に比べ商店街が不特定多数ではなく、特定の階層にターゲットを絞りつつあると変化をよみとりました。厳しい状況は変わらない。酒田の中心商店街、学生たちは年内に研究成果をまとめ、商店街に提言します。

まさにこのフィールドワークは、実地に生きたものを勉強するということは本当にいい研究ですね。

一生懸命でしたね。

◇日本テレビ系列『ＹＢＣ社説放送』（二〇〇五年一〇月一〇日ＯＡ）

『学生が考える酒田の進化』(26)

一昨年に続いて東京の大学生が酒田でフィールドワークを行いました。前回は、酒田の地元アイドルＳＨＩＰが調査の軸でした。ＳＨＩＰは、二〇〇一年中心市街地活性化のために誕生したグループです。このＳＨＩＰの活動が商店街や若者におよぼした影響を調査分析しました。

---

(26) 鈴木雅史山形新聞論説委員担当。

二〇〇五年七月に刊行された著書にまとめられています。

酒田は県内でも独特のメディア文化を誇った街です。メディア文化とは、「メディアから発したエンターテインメント（娯楽性）性の高い文化を選択したその消費者にみるスタイル」です。酒田の中心商店街ではかつてメディア文化の中核としまして、映画館「グリーン・ハウス」が人気を集めていました。新作を東京と同時ロードショー公開したほか、名作を鑑賞できる定員一〇人の名画座がありました。いまのシネマコンプレックスのさきがけで、しかも若い女性たちがお洒落をして出かける非日常の場所だったということです。しかしグリーン・ハウスは、三〇年近く前の酒田大火の火元となり、メディア文化のかおりは失われました。商店街が再建されても、買物客は郊外店に流れ、求心力は低下していきます。そんななか、地域の発信するアイドルとして登場したのがＳＨＩＰでした。酒田の特徴だったメディア文化を再現した取り組みといえます。ＳＨＩＰは、地方アイドルの代表的存在として、新聞・雑誌・テレビなどで評価されました。

今回のフィールドワークについて担当教員に聴きました。

「二年ぶりに酒田でフィールドワークを実施しています。前回のフィールドワークでは、中町商店街の活性化をテーマに掲げました。その結果として、メディア文化がキーワードになり、メディア文化の街、中町商店街に帰結しました。今回は、そのメディア文化の酒田、中町商店街の活性化からさらに商店街の進化をテーマに走りまわっています。商店街の進化のポイントになるのはルート検証です。ルート検証とは、酒田の街に根ざしている歴史的なヒストリックルート、観光ルートをかね合わせたツーリズムルート、そして市内を流れる新井田川沿いをリバーサイドとして、あらたなルートを構築する。その検証の結果、ユニバーシティルートを提言したいと考えています。ユニバーシティルートの提言には、これからの中心商店街への人に流れを左右する重要な意味が存在すると思います。商店街の進化にはふさわしい方向性です」

今回のテーマは商店街の進化です。学生一六人が調査にあたっています。酒田には港町、商人町として栄えた伝統を生かして近年、山居倉庫周辺に、夢の蔵、川辺の館、港周辺に、酒田海鮮市場がオープンしました。市中心部には、歴史を伝える本間家旧本邸、旧鐙屋があります。これらの建物と中町商店街などの中心商店街をつなぐルートを構築して人の流れを生み出し、商店街を進化させようという狙いです。

学生は市内を歩いて検証した上、シンポジウムであらたなルートを提示しました。商店街と港近くの日和山を結び、公園をサークルの発表の場やテント村など市民が非日常の雰囲気を味わう空間にするアイディアです。

今回酒田を訪れ商店街やルート検証にあたった二人の学生に聴きました。

学生１「酒田には予備調査で一度訪れました。今回二度目の訪問になりました。私がとても興味をもって調べているのが、中町商店街を活性化するために活動をしているＳＨＩＰです。ＳＨＩＰグッズは、中町商店街でたくさん売られていますが、私が感じたことは、ＳＨＩＰはコミュニケーションの媒体になっていることです。あそこのお店にいけば誰かに会える。お話ができる。情報交換ができるということを、ヒアリングをとおしてわかりました。ＳＨＩＰがメディアに登場することで、酒田中町の露出になり、これから酒田の街、中町がもっと活性化していくのではと考えています」

学生２「今回のフィールドワークで高校生と商店街の方たちに話を聴きました。商店街の方たちがお客さま一人ひとりとのコミュニケーションを大切にすること。高校生が東京や都会などにあこがれを抱いて、将来的には県外に出たいという声の多かったこと。しかし高校生のなかには、都会に出ても高齢になったら酒田へもどってきたいと考えていること。

私は個人的に女子高生の研究をしているので、地元の女子高生たちと話ができたのは嬉しかった。彼女たちの素直な意見も参考になりました。制服以外にも自分たちの考えをしっかりもっていて、私たちからみてとてもかわいい制服なのに、東京などのかわいい制服を着たいなどと、とても参考になりました」

フィールドワークの期間中、ＳＨＩＰの新曲発表ライブが中町商店街で開かれました。このため東京や各地からファンなどが訪れ、パブは賑わっていました。県内は鶴岡や米沢など、県外からも多くの客が訪れる街があります。これらの街が歴史や伝統を前面に出しているのに対し、酒田は歴史に加え、ＳＨＩＰなどのあらたなメディア文化でも県内外の客を惹きつけています。そしてＳＨＩＰのイベントなどをきっかけに、酒田のファンになった人が東京から繰返し訪れるようになりました。このような現象は、住んでいる場所を変えたあらたな形のコミュニティの可能性を示しているのかもしれません。

〈参考文献〉

・伊奈正人、一九九五年、『若者文化のフィールドワーク―もう一つの地域文化を求めて―』勁草書房

・仲川秀樹、二〇〇五年、『メディア文化の街とアイドル―酒田中町商店街「グリーン・ハウス」「ＳＨＩＰ」から中心市街地活性化へ―』学陽書房

・仲川秀樹、二〇〇四年、「地方都市活性化の試みと世代間にみる影響の流れ―酒田・中町商店街活性化のプロジェクト意識をめぐって―」『二〇〇三文理学部研究費研究成果報告書』日本大学

第5章

中心市街地の人の流れとルート構築

第1節　酒田中町商店街周辺にみる人の流れと関係性モデル

1　ルート構築の関係性モデル

◇ルートの存在

酒田に集まる人びとをカテゴリー化し、カテゴリー別の目的に充足させる条件を一つひとつ整備する。予備調査、今回の本調査を通して、いくつかのルート検証を試みた。そこで明らかになったのが、酒田に集まる人びとと、商店街に集まる人びとの何気ない動きにみる人の流れである。その結果、つぎのようなルートの関係性モデルが浮上した。

①「クラッシックルート」の存在

②「ファッションルート」の位置づけ

③「ヒストリックルート」と「ツーリズムルート」の関係性
④「リバーサイドルート」と「ニュールート」の構築
⑤「ユニバーシティルート」の可能性
この関係性モデルの特徴は、五つのルートにカテゴリー化したことにある。(1)

◇五ルートの概要

①「クラッシックルート」は、中町商店街、中通り商店街、たくみ通り商店街、大通り商店街などのまさに酒田市の中心エリアである。
②「ファッションルート」は、かつて、そしていまも語り継がれる、〝中町ファッション〟を誕生させた、清水屋中町モール周辺を考える。
③「ヒストリックルート」は、山居倉庫から酒田奉行所跡、石畳をへて本間家旧本邸、旧鐙屋などの歴史的建造物に沿ったルートであり、今日の観光協会などの地図にあるルートエリアを「ツーリズムルート」としたつながりである。
④「リバーサイドルート」は、整備された新井田川沿いのエリアを、南西方面の日本海ルート（海鮮市場・酒田港方面）と北東の旧市街ルート（鳥海山方面）に分ける。それぞれにメディア文化的なイベントを開催し、「ニュールート」を誕生させる。
最後の、⑤「ユニバーシティルート」は、今回の本調査で学生たちと客観的に確立したルートである。つまり、上記の①から④からの結果として⑤の可能性にふれる。

(1) 二〇〇五フィールドワーク「中心市街地の人の流れと商店街の進化」にかかわるルート検証。

2 ルート構築の仮説と検証

◇メインスポットの仮説を立てる

新宿や渋谷や原宿、池袋、六本木、赤坂、秋葉原などに出かける場合、そこを通勤・通学にしている人たちは日常のルートで目的地に向かう。それ以外に余暇時間を利用して、その街を訪れるツーリストたち。その多くはメインスポットをめざしながら、ルートに沿った街並みや店舗をながめるであろう。新宿なら都庁とか、渋谷なら「１０９」あるいは「パルコ」、池袋なら「西武」や「東武」、いまなら乙女ロードかもしれない。それらは街のメインスポットに久しい。(2)

酒田の街ならどこを目指すか。ツーリストならやはり山居倉庫、地元住民なら日常と非日常で行き先は異なるものの、中町なら清水屋、バイパスならジャスコ、あとはとりあえず空間として選択される場所の予想はついてくる。

これが平日と休日ならさらに異なる。中町が日和山公園になったり、希望ホールになったりする。しかしいずれにしろ、各エリアのメインスポットを経由する確立は高い。この方式で人の流れを目的別、年齢別、階層別などで括ることができる。

◇拠点を決めて検証する

中町商店街に入る場合、大通りからなのか、サンタウンからなのか、それとも市役所からなのか、柳小路も考えられる。徒歩なのか車なのかによっては、駐車場の関係もある。フィールドワークでは、徒歩と車利用に分けての拠点となる場所を決めた。

---

(2) いずれもファッション・ストリート系の商店街であり、人びとが目指すメインスポット（シンボル）が必ずある。

徒歩拠点の一つは、やはり商店街の両側面、大通り（市立資料館周辺）と中和会（サンタウン周辺）、遠くは日和山公園を設定した。もう一つは、山居倉庫、川辺の館、海鮮市場の観光スポット。

車利用の場合は、限定される。市役所パーキング、清水屋パーキング、柳小路パーキング、それに山居倉庫パーキングからである。ただ、徒歩も駐車場の拠点も、いずれも車利用の割合は高いし、平日と休日でも利用者は異なる。市街地の住民と周辺町村から出向いた住民との相違も考慮に入れる必要がある。今回の調査は、六月と七月（二週）は週末、そして九月は平日と週末にかかっている。通常時間と余暇時間のバランスを取りながらの、ルート構築になっている。(3)

第2節　中心市街地「クラシックルート」

1　中町商店街

◇中町商店街を総称「なかまち」

一般に中町商店街は、中町中和会、中通り商店街、大通り商店街、たくみ通り商店街、を総称して呼ばれている。組織的には、酒田なかまち商店街振興組合連合会のなかに、中町中和会振興組合、中通り商店街振興組合、大通り商店街振興組合、たくみ通り商店街振興組合の各組

(3) 平日と休日の格差が顕著な中町商店街であり、四度の調査のバランスを考えた。

合が単位でおかれている。(4)

酒田大火前は、中町商店街と大通り商店街、そしてたくみ通り商店街は、別々だったように思う。大火の復興時の区画変更などもあり、中町は大きく「なかまち」と称されて、〝なかまち DREAM SALE〟のようなイベントが開催されていた。その時の折り込み広告の中身と大きさは、中町という場所の存在を象徴するかのようだ。確かに、バイパスエリアやロックタウン、果ては三川ショッピングエリアを相手にしている老舗商店街だから、もし結束が完璧だったら、逆に周辺は脅威と映るだろう。(5)

◇中町中和会、中通りを中心に「クラシックルート」

フィールドワークは、大火以前の区割りではなく、いまのエリアに沿っての検証となった。前回、二〇〇三年のフィールドワークも参考にして、中和会と中通りを中心にクラシックルートとして構築してみる。

中心商店街利用客のほとんどは、目的別に店舗を選択するのが圧倒的に多い。お茶屋、青果店、菓子店は三大目的別店舗だ。好不況にかかわらず、お祭りの多い酒田の街、自宅用と贈答用、おみやげ用に使用する頻度はかなり高い。一年をとおして、いまもむかしも変わらないクラシックルートの代表格である。ほぼ三大店舗を目的とする客で、年配者だけではなくファミリー層の利用も高い。(6)

とくに酒田という街は、年間をとおして伝統的行事が多いため、それに利用される菓子類は多い。クラシックの名に相応しい老舗店舗も名を連ねている。フォーシーズンに沿った菓子に常連さんも多い。和菓子屋でありながら、洋菓子部門に力を入れているのも特徴だ。お中元や

---

(4) 中町という町名以外も加わり、「なかまち」と括っていることに注意。

(5) 庄内地方最大のショッピングエリア、客の流れを独占している観が強い。

(6) 季節の合間に生じる「贈答用」「プライベート用」商品は、品切れとなる場合が多い。

お歳暮、お盆、クリスマスなどには欠かせないお店が集中的に並ぶ。地元を代表するクラシックルートである。

2　中町商店街の人の流れ

◇階層別にみる

一番わかりやすいのは、清水屋百貨店（通称）正面ロビーベンチに集う人たちをみる。市街地、周辺地域を問わず循環バス利用客なのか、休憩なのか、待ち合わせなのか、グルーピングが必要。高齢者から中高生グループまで多様な階層をみることができる。

意外と市街地は非日常的かなと考えてしまう。週末に集中したフィールドワークのせいもあろう。休日に出かける人たちは、ファッションで区別することができた。

たとえば、中高生レベルになると、制服で街に出ることも多い。平日では、その集団が通学の帰りだと理解できるし、休日なら余暇なのか、部活動の帰りなのかも、カバンによって認識できる。東京・渋谷や原宿で高校生と出会った時、地元の高校生かそれとも修学旅行で立ち寄っているかは、通学カバンで明確になる。中心市街地も同様に区別できる。中心市街地でよくいわれる若者がいないという声だが、そうは思わない。市内の中高生はかなり中町に出ている。中和会のお茶屋ではソフトクリーム、サンタウンの青果店ではフレッシュジュース、そして中通りのジェラート屋では中高生、休日は二〇代の若者も加わる、ヤングエリアである。(7) 高校生のヒアリングでも必ず登場する、中町屈指の若者を呼ぶお店になっている。いずれもデザート

(7) ジェラート「モアレ」は、中通りの中和会寄りに店舗を構える。庄内の地の素材に徹底してこだわる。新商品開発に余念がない。若者や中高年にも〝居心地〟がいいコミュニケーションエリア。

類という、いまは、スウィーツというトレンドの波は全国に浸透している。フルーツにしても庄内の素材を用いた、デザート類に、デザイン、味ともに優れているとなれば、人は集まる。

若者、若者と叫ぶが、これらのお店には午前中には中年から年配者も多い。デザートも季節によって、和菓子的スタイルを取り入れ、幅広い年齢層をカバーできる。味には、年齢は関係ない。それより重要なのは、店主とのコミュニケーションである。二〇〇円程度で、そこに座り、関係者と語る。その時間にローカル・コミュニケーションが成立している条件をみる。フィールドワーク中もその光景を何度も目にした。

食品関係でも唯一中町にある老舗のスーパーは、県内チェーン店の一店舗、独自色は出せない苦悩もあるようだが、お昼の惣菜、お弁当類は、近隣の会社関係者に利用されている。人気は、スーパーでありながらほとんどの商品は自前で調理、ローストビーフは、全国的にも有名、和菓子も専門店レベルである。市内で大きなイベントがあれば、仕出屋専門店同等のものを提供している(8)。

食事時になると賑わう店も数多い。伝統的なラーメンと焼きそば屋が隣どうし、両店ともランチ時は混雑している。根強い人気は、「酒田のラーメン」はブランドになっていること(9)。酒田の主要なラーメン屋はみな行列である。これは事実。老舗の焼きそば屋はメニューの豊富さに驚く。焼きそば屋ではめずらしい、デザインしたメニューもあり、ほとんどが固定客である。ここは、フィールドワークで学生たちが利用した一番人気の店だった。

◇「クラシックルート」人の流れ

日常と非日常が交差している中町商店街。平日はあまりにもパターン化した市民の行動が多

---

(8) 中和会の中町モールに面する市内老舗の「卜一屋」中町店。二〇〇六年二月五日に希望ホールで開催された「エキサイティングカクテル・フェア」のメイン料理ローストビーフは卜一屋の提供。専門店を越す絶妙の味に参加者は感激していた。

(9) 庄内グルメ『酒田のラーメン』(コミュニティ新聞社)という雑誌も刊行され、全国でも有数のラーメンの街。

い。ランチの店と、休憩の店。モーニングをあつかう喫茶店も健在、喫茶店のメニューも増えている。朝、昼、夕方、夜と四度利用する固定客もいる。ヒアリング中に必ず立ち寄った柳小路の喫茶店は、店主が商店街の人の流れに詳しく、著者にとっても研究を確認する場所になっている。(10)

中町で変わらないのは喫茶店の雰囲気である。日常的に利用する客、観光で休みにくる客と店内にいるだけでそれがわかる。渋谷や原宿にいる高校生と同じように、観光マップ持参の否かによって区別できるし、店主とのやりとりにそれが出る。コミュニケーションレベルが多様である。

中町商店街にはほとんどのジャンルの商品が揃う。食品を中心に人の流れをみるとその街がよくみえる。わかりやすい。中町も若い人たちが結構集まっていることを知る。バイパス沿い大型店舗は、各店舗面積も違い、個人経営の商店と比較する意味がない。

中町をクラシックルートとする最大の理由は、一九七〇年代以前からの老舗百貨店の存在意義にある。かつて清水屋と小袖屋（後に大沼）という大と中規模の百貨店があった。東北の地方都市、県庁所在地でもない街に、二つのデパートがあった。多彩なイベントが催された。屋上にある遊園地には回転する飛行機もあった。当時から物産展や夏休み昆虫展、お化け屋敷などのイベントが目白押しだった。グリーン・ハウスなどの映画館と並び、中町のメインスポットを形成していた。中町を訪れた人は誰もがこの百貨店に立ち寄った。

いまでも、清水屋を目指して中町に来る人は多い。バイパス沿い店舗などと異なるのは、ブランド商品をあつかっていることにある。百貨店というスタイルのために、デパ地下的な食品売り場でも地元の老舗店の商品をあつかい、衣服や陶器など、ここにしかないブランド品を目

(10) 一九五五年一二月一〇日に開店した柳小路「ケルン」は今年で五〇年。一九六九年改築、一九七六年酒田大火で全焼、翌年再建。まさに中町の歴史を背負った老舗サパークラブ、喫茶店。

当ての客で賑わう。(11) メインスポットが百貨店であれば、人の流れはそこを経由しながら周辺に広がる。中町の特徴は百貨店の存在である。

第3節 「ファッションルート」と中町商店街

1 中町ファッションの背景

◇お洒落な街

中町には、かつて中町ファッションと呼ばれたスタイルがあった。中町に出かける時は着飾り、よそゆきのファッションに身を包んだ。特別の場所であった。映画を観て百貨店で食事をして買い物をする。いまでも中町というと年配の人たちは想い入れが強い。フィールドワークで注目した点もそこにあった。現在では、清水屋周辺の中町モール付近を一つのエリアにして若い人びとのファッションをチェックした。確かに都心以外に見受けられる若者特有の直接的ファッションが多いのは事実。(12) それは首都圏にも見られることで地方都市ではかなりお洒落な部類だ。中町モールの噴水付近はお洒落の似合うスポットだ。ここなら多少派手でも不都合ではない。

高校生たちとのヒアリングもあり、学生たちもジェラート類を食べている女の子たちに注目した。彼女たちのファッション、制服だったらスカートの長さ、ソックス、キャラクターグッ

(11) ヨーロッパの老舗ブランド店がテナントとして多数出店。ファッション以外の生活用品のブランド品の揃いは抜群。

(12) 流行理論でいう、社会的同調行為は、地方や大都市周辺地域ほど典型。

ズなど、私服であれば、コーディネートなどをみた。酒田市内ではやはり中町ファッション発祥の地であることを、二〇〇三年同様、再確認した。

◇ファッションショップの多さ

一つの商店街にこれほどの洋品店があるのには驚く。和洋服合わせて、いたるところにお店が並ぶ。ブランド品からオーダー品まで老舗のよさを前面に出した展開である。京文化の伝統もあり、洋品店のディスプレイには、京人形や鵜渡川原人形などが展示されている(13)。

お店に用事がなくてもそれらを見学に店内へ、そんな光景は日常である。地域商店街特有の姿がわかる。よく言われる、商店街には人がいない、お店に入りづらいということは、人がいてもいなくても入る人は入るし、入らない人は入らない、きわめて単純なことだ。それをあたかも商店街を否定する意味で用いられ、根拠の不明確なままの帰属処理は問題も多い。

ローカル・コミュニケーションがもたらす人間関係を商店街は具現化する。商店街に行くということはその人の欲求を満足させるものがあるからだ。なんでもそろう商品か、特定の商品か、目的はさまざまだ、それでいいではないか。目的に応じた地域の姿、中町のファッションショップに出かける人びとの階層がみえる(14)。

◇伝統と現代の調和する中町

郊外型店舗到来、とりあえず的大型ショッピングセンターの風を受けながらも、長いあいだ君臨している中心商店街中町。日常と非日常が重なり、目的に応じた人びとの受け皿になっている。酒田四大まつりの中心スポット、行政の中心、歴史の中心、すべてが揃い踏みしている

---

(13) 一九九九年からは「鵜渡川原人形保存会」によって、人形の製作と保存活動が続けられている。

(14) ファッションも、コンサバ、セレブ系からギャル系まで、階層構造や地域性も含みパターンをみることができる。中町の場合はファッションのカテゴリー化も必要。

エリア。(15) なのにアップ・ツー・デートな空間を漂わせ、中高生の集うお店も多い。

反面、夜にかけて料亭の多く並ぶ大人の日吉町エリアにも中町からのアクセスは便利である(16)。中町たるゆえんはすべての消費を充足させる対象がそこにいけばあることと、伝統と現代をかねそろえたところだ。クラシックルートとファッションルート構築の意味を再度確認したい。中町の現実をみて、中町の本質を知り、中町がどのようにお客に対応しながら変化したのか、中町の真実を理解したその上で、中町を語るべきだと考える。そうでないなら中町、中町商店街を正確に理解することはできない。

2 「ファッションルート」を歩く

◇雑誌的に楽しむ

雑誌を真似たファッションに身を包み、ジェラートを持ちながら中町モールを歩く。とても健康的に思える。〝中町ブラブラ〟のよさには文化的な環境を発見する楽しみも似合う。雑誌にあるファッションで中町を歩けば、自分も都会の人と同じような気持ちを抱くことにもなる。(17)

かつて酒田のメディア環境がそうであったように、いまでもファッションスポットは充実している。地元でお洒落な街を意識できれば、高校を卒業しても、酒田のよさが自信につながるだろう。自分の出身地にコンプレックスをもつことはよくない。トラディショナルなファッションルートを充足し、それを楽しむような行為に進展すれば、酒田、中町も誇りになるような街にすることができる。

(15) 酒田市の中心エリア。あまりに条件が整いすぎる。逆にウリはそれだ。

(16) 中町商店街から、柳小路、そしてたくみ通りまたは寺町通りを経由すれば伝統の料亭街。

(17) 『an・an』(マガジンハウス)や『non―no』(集英社)から飛び出してきたスタイルを。

雑誌から出たような美しい街並みが酒田にはある。中心商店街もきれいと、はじめて足を踏み入れた人びとは口をそろえる。むしろ地元の人たちの方が、関心が薄い。それは永遠の課題のようだ。しかし中町はファッションの似合うストリートであることは、伝統がなせるわざでもある。

◇「ファッションルート」構築のために

伝統的に培われてきた中町というブランド。それをもっとも表現するのがファッション的街並みである。メディア文化がベースにあった中町だからこそファッションルートの維持は重要。いま、休日の中町でもよくみられようになったオープンテラス的空間。アーケードにベンチを用意するだけでもいい。そこにテーブルがあればなおいい。高校生はよく言う、中町に無料休憩スペースがほしいと。もっともっとベンチを準備してお洒落な空間をつくろう。(18)

三丁目再開発事業で改装になった民間病院や関連施設にやってくる多くの高齢者だってお洒落をする。その帰りにオープンスペースで休むのもいい。いつまでも若い気持ちでいられる。病院利用者の多くは、朝早くからの診察を終えると休む場所がないという。商店街のお店の多くは、一〇時開店である。商店街の休憩エリアは貴重だ。それに高齢者とはいえ、せっかく中町にいるのだから、ファッション空間を楽しむぐらいの積極性も必要。より一層のファッションルートの構築を期待したい。

(18) 高齢者のお洒落は、通院においても大切なこと。つねにお洒落に気を配る、それに応えるスポットも必要。

第４節　「ヒストリックルート」と「ツーリズムルート」の関係性

1　観光ルートを差別化

◇充実する観光ルートとの差別化

歴史的な建造物がいたるところに存在する酒田の街。北前船で栄えた港町、東に酒田を証明するには十分といえる。観光協会をはじめとする行政機関の観光ルートは既に紹介されている。それをここであらためて取り上げる必要はない。

ここでは、歴史的なスポットをたどるコースを「ヒストリックルート」、観光的にアレンジしたコースを「ツーリズムルート」の関係性モデルに注目したい。両者の中身は共通しているが、概念的には観光用に手を加えたか否かの違いである。

一般的には、山居倉庫があり、奉行所跡があり、本間家旧本邸があり、そして旧鐙屋がある。これを整備した石畳コースで観光モデル用に歩けばツーリズムルートそのものになる。それが単独でスポットだけをみて自分だけのコースにすればヒストリックルートになる具合だ。両者の関係性は、中心市街地へ迂回する手段として重要な要素をもっている。この手段については商店街関係者も十分承知だ。山居橋をわたり奉行所跡ルートに川辺の館をオープンさせた。この休憩所を経由して中町へ誘客できるかがポイントになることを考えた。

◇「ヒストリックルート」選択の自由度

商店街に誘客するには、個人あるいは家族・友人単位でくる少人数の客が最適である。彼らは徒歩と車を並行に利用する。市内に出かける場合、全員が向かうか代表者が駐車場を確保するか、状況によって選択が可能だ。荷物の関係もあるし、並行できる強みがある。

この場合の問題は川辺の館からになる。フィールドワークで感じたことは、川辺の館に立ち寄る人と、前を通り過ぎていく人に対するPRである。現状では、川辺関係者も接客で精一杯、余裕はあまりない。店内で休憩のお茶や、食事をしてくれるお客にはある程度のアナウンスはできる。店内に観光マップや案内パンフレットは用意されている。しかし、ほとんどの観光客は、お店の前を素通り、奉行所跡で立ち止まり、そのまま山居倉庫にもどるパターンだ。

川辺の館開設の本来の目的には、山居倉庫と市内の中継点的機能を期待していたと思われる。(19) その目的があまり遂行されていない。原因は、中継点から市内に誘客する広報活動にある。チラシやポスターだけでは限界がある。何とか誘導する人間を確保できないだろうか。それとも要所、要所にパラソルテントを張り、臨時の休憩案内所的なものをつくれないだろうか。経費や人材確保などの困難もあるかもしれないが、ヒストリックルートを選択した観光客だからこそ、引っ張れる機会を逃してほしくはない。これはフィールドワークで出された大きな問題点の一つである。

◇完成された「ツーリズムルート」

酒田に到着したら山居倉庫に降りて見学、本間家旧本邸経由で、海鮮市場で食事。それで酒田を後にする。これが団体バス旅行の基本的ルートだ。他にも複数の酒田観光ルートはあるも

---

(19)「川辺の館」の観光・誘客的意義。

の の、完成された観光マップに観光ルート、申し分はない。したがってここでいうツーリズムルートはいじれない。(20)

2　ツーリスト以外の市民も楽しむ

◇市街地も観光スポットになる季節

ツーリズムルートの完成度は観光協会と旅行会社、専門家で企画されたものだ。それに観光スポットをめぐるのは旅行の基本でもある。せめて、宿泊は酒田市内にして自由時間を市内観光にあててもらいたい。本間家から自由時間を設定して中心商店街で買い物をしてほしい。現実はそんな要求ばかりに思える。

しかし酒田には市内観光が目的となる季節がある。毎年二月下旬から四月初頭にかけた「酒田雛街道」である。〝むかし小路のひな巡り〟とうたったこの行事は酒田の華やかな歴史を知ることができる。市内四六ヶ所を展示会場として、各商店、公共施設などで自由にお雛人形を楽しむことができる。(21) 市内を観光する相乗りタクシーなども用意され、お雛祭り一色になる。むかし小路のひな巡りののぼりが目印になっており誰でも気がつく。意外な場所にもある。雛街道は、観光客だけに限らない。地元の人びとも買い物ついでに立ち寄っていく。

中町が賑わうのは冬から春にかけても多い。一月の「酒田日本海寒鱈まつり」には大型バス何十台も市内に入る。そして春を待望する二月終わりからの酒田雛街道。ここでヒステリックルートがツーリズムルートに乗っかったことを認識する。両ルートの関係性が機能している証だ。

---

(20) 「酒田観光マップ―湊・酒田　粋な文化に出会う街―」「潮風薫る歴史の街、酒田へようこそ！酒田道先案内モデルコース―湊・酒田　粋な文化に出会う街―」「酒田観光ガイドマップ　酒田観光いろは」いずれも酒田市観光物産課で発行している観光案内マップ。

(21) 二〇〇六年には、展示会場も市内五八ヶ所に拡大した。

◇フォーシーズンを通じての人の流れ

一年を通じて両ルートの関係性をもたせることは難しい。季節ごとのよさも各エリアにはある。観光客だけを中心にした発想であることには限りもある。季節のイベントに応じて人の流れを把握する努力もほしい。

何分冬季のフィールドワークは実施していないために、これ以上の仮説は不可能だった。フォーシーズンをとおして、酒田の街を把握してみたい。

第5節 「リバーサイドルート」と「ニュールート」の構築

1 市内を流れる新井田川

◇酒田大火を食い止めた新井田川

もう何年になるだろう。PTAや付近の方々によって新井田川が美しく甦ったのは。一九七〇年代、新井田川は汚れていた。廃船がところどころに放置され、川の水も汚れていた。しかし市内を流れる貴重な川だった。

酒田大火が鎮火できたのはこの川のおかげである。風下にあった市街地の延焼を免れた。著者の実家も新井田川によって救われた。中町方面に向かって、対岸での消防隊による一斉の直上放水によって食い止められた(22)。もし新井田川がなかったら、庄内平野まで燃え広がっていた

(22) 『酒田市大火の記録と復興への道』一九七八年、酒田市、二二・三八ページ。

だろうと、大火直後の多くの地元市民は認めていた。

◇リバーサイドルートの構築

その新井田川は、対岸の緑と草花に覆われ、誰でも散歩を楽しめる。北には鳥海山の勇姿をみることができる。ここをリバーサイドルートとして構築してみようと考えた。山居倉庫から酒田商業高等学校沿いを中心に、鳥海山より北側と、海鮮市場方面の南側を両サイドのルートにしてみる。

このルートは原則何もない。何もないから自由な発想が可能だ。遊歩道の設置とか経費がかさむ考えはない。いまのままで市民により認知してもらうことが大切だと考えた。最近は屋形船の運航もはじまり、あらたな新井田川のよさを発見してもらえるだろう[23]。

山居倉庫や川辺の館からも歩いて周れる。途中にリヤカーで飲料水や簡単なデザートを運んでくれるなら、くちコミで人も訪れるだろう。出張販売があれば意外に人は集まるもの。不思議ではあるが殺風景な場所ほど、簡単な売店のよさに気がつくもの。意外性もウリにできるのでは。

2　一般市民を対象とするルート

◇ニュールートの発想にも

酒田には最上川と赤川、京田川、それに新井田川が流れている[23]。それぞれの川は機能的な役

(23)「酒田湊町物語、屋形船みずき」は、日本海の酒田港から市内の新井田川を周遊するルート。通常は六〇分コースの設定だが、お食事つきとして、ティーコースで六〇分。ランチコースで九〇分。ディナーコースで、一二〇分の周遊となる。

割をはたしているが、何より市内を流れているのはこの新井田川だけである。このリバーサイドをあらたなニュールートの構築になるための条件づくりにとりかかってもいい。

無駄な観光施設をつくるのではない。新井田川の広報活動、つまり活発なアナウンスメントである。何もない市内を流れるただの川です。すぐ近くにあります。この川の由来は、これだけあります。どうか何もない川岸を歩いてみませんか、でいい。

フィールドワークでは、時間がないため上流まで歩くことはできなかったが、庄内平野を周った時に学生たちは新井田川の豊さには気がついてくれた。

◇日本海ルートと旧市街ルート

リバーサイドルートの、酒田港・海鮮市場方面の日本海ルートの認知度はかなり高い。市内からのアクセスも便利で、川の存在を知っている。しかし新井田川のよさは、亀ヶ崎・浜田から上流の鳥海山方面が美しい。こちらを旧市街ルートと呼んでおく。酒田駅方向から庄内平野に入っていく。全体を歩くには距離があるものの、ところどころに出張販売のリヤカーの売店をおいたビューポイントとしてニュールート構築の契機になる。

メインの観光スポットもあり、サブでマイナーながら何気なく楽しめるスポットもあっていい。身近な散歩ルートとしても一般市民は喜んで利用できるだろう。

第6節　「ユニバーシティルート」の夢

1　フィールドワークの中心テーマ

◇日常と非日常のバランス

人びとの流れをルート構築によって検証してみたが、どうしても酒田市民にとっての、余暇時間の過ごし方が焦点となった。余暇時間は、非日常の時間でもある。一定パターンの日常から開放され、自己の確立のために注がれる時間でもある。市民の欲求の数に応じたハード的な部分が準備され、それに応えるべく対応がなされているかが大きなポイントと考えられる。そこで費やされる場所が、市街地ではないことが浮き彫りになって久しい。

予備調査でも、本調査でも、観光スポットの拠点はある程度確認できた。しかし、一般市民が非日常を満喫するのは観光スポットではない。むしろ、自分たちの嗜好を満足させる空間である。これまでは量販店にそれを求めてきたかもしれない。でもいまは、大規模から分化された小規模ながら個々のマイブーム的な嗜好をフォローする環境が必要である(24)。

そこで登場するのが、ルート検索にみる一般市民向けの場所である。日常もあり、非日常もあるエリアを目的に応じて活用するライフ・スタイルも構築される。市民の居場所である。

---

(24)　一九九〇年代後半以降は、分散化傾向が加速し、多様なモデルが誕生する二〇〇〇年代に入る。

◇ルートの活用

市民のライフ・スタイルに応じた楽しみを。何も中心商店街に傾斜すればいいという短絡的なものではない。中心市街地の問題点を検証するなかで浮上したのは人の流れである。目的に応じてはっきりするルートの存在。もっとも幅広い階層が出現するのは中町商店街だった。クラシックルート、ファッションルートの意義もきわめて明解になった。このルートの活用には、階層別に機能分化が行われている。

ここの延長には市民の居場所がある。クラシックな中町商店街とその周辺に目を向けたい。具体的には、日和山公園的空間の活用である。本調査の出発点になった場所であり、貴重なスペースである。メディア文化の環境は、こうした酒田市のメインエリア、中心市街地その周辺に歴史的空間がある場合、そこには重要な条件が隠されていることをもっと認知させるべきである。

◇フィールドワークの中心テーマ

今回のフィールドワークの中心テーマである、「人の流れとルートの検証」を学生たちと一緒に行ってきた。酒田をまったく知らない学生たちは、既成概念なく、酒田の街を歩き、客観的に商店街から中心市街地を歩いた。純粋に実証研究をおこなった結果、検証されたのが五つのルートであった。このルートの理想は、つぎをカバーしていることだ。

①酒田の歴史的な流れに沿ったモデルである。

②酒田のよさを前面に出したオリジナルなセールスポイントがみえる。

③酒田のよさを文化的に示している。

④酒田の人びとに必要な基本的消費空間。
⑤酒田の人びととの満足する日常と非日常のバランスが備わっている。(25)

この五ルートをより細分化して、酒田の人の流れに応用した地域社会活性化に取り組むさらなる方策を試みる。フィールドワークでルート検証を行った結果として明らかになった、それがユニバーシティルートの提示である。

結果的に、酒田には、「クラシックルート」、「ファッションルート」、「ヒストリックルート」、「ツーリズムルート」、「リバーサイドルート」なるものが実在していた。このルートを対象者の機能的要件充足度（欲求の満足度）にあわせながら企画していくことにある。対象者（市民・観光客など）の行動パターンに沿いながらのルート構築の先にこそ、著者たちのニュールートの試み、ひいてはユニバーシティルートが誕生する可能性を覚える。

2 「ユニバーシティルート」あれこれ

◇学生たちが感じとったユニバーシティルート

ほんの数日間酒田の街を歩いた学生たちでいくつかのルートを考えてみた。学生たちがもっとも歩きやすい、自然にこうしたルートにたどり着いた。このルートは、素人ゆえに地元の方や観光のプロの方々はあきれ返ってしまいそう。

しかし客観的というのはこんな視点になるのかも。時間的制限のあるツーリストたちが観光マップかかえて歩くのと、自ら歩きたいルートを考えて市街地をみるのとはまた異なる。単

(25) 社会システム理論的には、酒田市民（観光客）の目的行為とそれを満たす条件、つまり機能的要件充足の是非を起点とした。

純すぎるルートながら学生個々人が感じとったユニバーシティルートなるものを検証してみたい。(26)

◇学生ルート①

はじめて酒田を訪れたので、さっぱり土地勘はつかめていない。観光客と同じ感覚であったと思う。山居倉庫からの石畳は非常に有効だと思ったが、他の地面と同系色のためにわかりづらかった。本間家旧本邸から中町商店街へと続く道の石畳には気がついたものの旧鐙屋の方に気がとられてしまい、中町商店街の方へは向かわなかった。ここは改善すべき点であった。本間邸の出口に矢印をつけるのも一つの手であろう。ただ、酒田の中心市街地は歩いて周るのに大変苦労する街ではないし、歩く観光ルートが確立されれば人も増えるだろう。

ルートを考えると、日和山公園が気に入ったのでそこを起点として中町商店街に入る。旧鐙屋、本間家旧本邸をとおり川辺の館から山居倉庫へと続く。歴史的なものをみて、最後におみやげも購入できる。問題はスタート地点が日和山公園ということだ。近くにバスを停車してもらう。バスは山居倉庫で待っている。しかし中町商店街での買い物はどうなるかだ。

◇学生ルート②

二度目の酒田であり、ある程度の距離感はつかめていた。しかし石畳を意識し過ぎてしまい、一度外れると、もう石畳は意識せずに歩いてしまう。観光客のルートはどうしても観光スポットに大きく左右される。

山居倉庫から中町商店街を結ぶ空白部分に問題がある。歩いて自分に興味を感じるものがな

(26) 自ら歩いたルート、機能性に富んで酒田のよさを満足させる条件のルートを、理想型で提示した。

ければ、歩くことは難しい。大きなテーマパークより、身近なこと、街路に花を植え、花が咲いていれば優しい気持ちになりながら歩くことができる。市民も観光客も同じだと思う。簡単なことからでいい。「アジサイまつり」の時期は、あじさい一色など、市民にもできることがある。身近なルートを設定することで街はどのように進化していくのか楽しみである。

◇学生ルート③

観光客の多くは、山居倉庫から橋を渡り奉行所跡まではすんなり行ける。そこから先は、引き返す場合が圧倒的。理由は民家が多く、つぎの行程が不安なこと。面倒くさいということもある。そのために石畳はあるのだが、これが意外と気づかない。道標は必要不可欠。それに興味を惹くようなスポットを用意することだ。ここをクリアーするとなんとなく栄えた当時の建造物が目に入るようになる。

つぎのポイントは、本間家旧本邸の先のルート設定である。すんなり中町商店街に入り、日和山公園まで歩くのがベスト。何も知らない観光客がこのルートを選択するにはポイントごとのシンボルが欲しい。のぼりやテントなどがあり、その先は中町商店街がずっと続き、このまま散策したくなる動機づけをする。大がかりな作業はコスト面の問題もあり、簡単にはできない。しかし風情を楽しむためのスポットはすぐにでもできそう。観光客の興味を惹くもの。その先を誘導するシンボルがあればルートは広がる。

◇学生ルート④

やはり観光客が集まる場所は山居倉庫である。山居倉庫の一角に酒田の街を紹介するルートマップをつくるべき。実際、案内図はみつけたが、狭いこんな場所にあってもという印象だった。それに日和山公園の案内はなかった。あの港町の公園らしい雰囲気の日和山はとても好きだ。とくに売店のおばさんには愛着がわいた。田舎っぽさがある日和山公園にはぜひ観光客にも来て欲しい。山居倉庫から市役所前まではその要所に案内を立て、観光客をそこまで引き寄せること。市役所前から中町経由、日和山公園をメインストリートにする。サンタウンあたりを休憩地点にすれば、それ以上が無理でも商店街をみることは可能だ。

◇**学生ルート⑤**

港町というより城下町の美しい情景が浮かんでくる。歴史的な建造物にそれを感じた。いまにも着物を着た人が出てきそうな情緒あふれる街並み。それを象徴するように、山居橋の下に当時の船を並べるとビジュアル的にも流通の街、酒田をイメージしやすくなる。

個人的には、観光客がよく訪れるヒストリックルート（ツーリズムルート）と中町商店街はある程度切り離して考える必要があると思う。いまの中町商店街は、客層からしても、日常性がとても高い。非日常を求める観光客が、商店街を訪れるには何かの目的がなければならない。

メディア文化の街であるのだから、メディアルートをつくってみるのもいい。ラジオ局からグリーン・ハウス跡地（柳小路）へ行き、喫茶文化にふれ、アイドルグッズをあつかう店舗を周る。

◇**学生ルート⑥**

山居倉庫から川辺の館までは話にも聞いていたとおり違和感がなかった。そこから石畳が続くわけだが、この石畳がインパクトとしては少し弱い。石畳のはじめは幅も狭い、本町通りを渡るといったん石畳が途切れてしまう。ほとんどの人は本町通りまで来ると、目の前にある本間家旧本邸をのぞく。観光が終わり本間家の門を出ると目に入るのは旧鐙屋。そこで終わってしまう。本町通りにも横断歩道代わりとして石畳を敷き、わかりやすくする。松尾芭蕉の碑も多いので、石畳に芭蕉の句を刻み、それを詠みたどらせるのもおもしろい。

ルート検証では、石畳へ進まず旧鐙屋へ行ってしまった。そのたどったルートについて考えてみると、「私たちは中町商店街へ行こう!」と思い歩いていたのだ。一般の観光客はおそらくこの旧鐙屋で引き返してしまうのだ。なぜならそれ以外のスポットは見当たらないからだ。五感のなかでも視覚は人に与える力がとても強いように思う。したがって商店街への人の流れをつくるために、何かシンボルになるようなスポットや、軽い休憩ができる喫茶店のようなものを置く。商店街へのコネクションの役割を果たせないものか。

「酒田観光マップ」をみて、市街地には寺や神社が多いと思った。しかもそれらは山居倉庫から歩くとすると、中町商店街を抜けた奥にある。この寺や神社と結んで商店街は、人を呼ぶことはできないだろうか。京都の街のように、である。一案として、山居倉庫にスタンプラリー台を置き、そこをスタートとする。それぞれのお寺や神社にスタンプを用意し、めぐる。この時のルールとしては、やはり石畳を歩くのが望ましいと思う。石畳から商店街がみえる。ここで商店街がみえたら足を運ぶ人が出てくるかもしれない。商店街に入らなければ、商店街の周辺を周り、日和山公園にもスタンプ台をつくる。展望台でもよい。スタンプを全部集めた特典として、商店街でのサービス。ジェラートでもカクテルでもいい。あくまでも商店街の負担にならないような。でもサービスされたら嬉しいと思う。魅力ある特典にスタンプ集めに行ってみようと思うかも。

中町商店街の周辺は歩いて周ることもできるし、いたるところで無料観光用貸し自転車も置いてある。徒歩でも自転車でも市街を周ることが可能だ。

◇学生ルート⑦

やはり商店街が念頭にある。山居倉庫から本間家旧本邸の後、商店街で休憩をしたい。ジェラートやお茶屋さんで、おみやげを買いながら話し込み、旧鐙屋などをまた周る。最後は清水屋になりそう。酒田の歴史的空間と、商店街の街並みを交互に感じることができる。商店街の店主と温かい想い出を残していけるルートにしたかった。

◇学生ルート⑧

歴史スポットを歩きながら、ちょっとした休憩所で食べられる酒田名物など、はじめて酒田に来た人間にはワクワクドキドキするものばかりだった。山居倉庫を囲む巨大なけやき、北前船のモデルや日本最古の木造灯台などの日和山公園はとくに癒された。自然と歴史を大切にする酒田の街という印象を強く受けた。

問題点をあげるなら、この素晴らしい名所も地図が不可欠ということ。はじめて酒田に来た人が、本間家旧本邸から市街の商店街に入りたいとしてもわからない。石畳は住宅街につながっているためにわかりづらい。わかりづらいのは、山居倉庫から川辺の館までの道のりにもいえる。山居橋からがわからない。山居倉庫から先のルートがみつからない。小さな看板があって、大きな道路を渡る歩道でもあれば違うだろう。

自然と歴史、そして温かい商店街ルートがわかりやすくなれば人の流れ（ここでは観光客）も確保できるはずだ。また行きたくなる街だから、人の流れ（案内）が必要。看板などの指示も大事だが、一番は山居倉庫で止まっている観光客の足を川辺の館や本間家旧本邸に向けるように誘導してくれる人間の存在だ。自ら歩いて流れを伝えたらどうだろう。人間は、人びとが流れる方向に行く行動パターンもある。お客さんを間接的にでも誘導できれば人の流れも中心市街地へ向いていくだろう。

◇**学生ルート⑨**

実際に山居倉庫から中町商店街まで歩いて感じたことは、自分が観光客なら中町にはたどり着かないということだ。何も知らずに歩いていたら石畳さえ気がつかない。本間家旧本邸で、もういいやと思い引き返す。川辺の館からのこのコースはとくにただの住宅街を抜ける感覚で、観光客には退屈だろう。

観光客を商店街まで導くのなら、ルートはいまのままでもいいが、足元の石畳に何か目印になるものがあった方がいいと思う。たとえば、そのルート上にある電柱にシンボル的な旗をかけたり、数メートルおきに芭蕉とかおしんとかの人形をおいたりする。商店街までの道に「こっちだよ」と招くような要素があれば歩くのも楽しくなる。

◇**学生ルート⑩**

実際に歩いて感じたのは、山居倉庫から川辺の館までは何とか行くことができた。そこから市街地への道のりは難しい。地図をみなければ到着できなかった。地図をみて仲間と相談しながら歩いてやっと到着できた。ということは、観光客は本間家旧本邸や旧鐙屋などを目指すことはできるが、中町商店街を目指してくるというのは考えにくい。わざわざ地図をみてピンポイントで訪れるのも厳しい。人の流れというのは重要であるが、自ら希望どおりに動かすのはやはり難しい。

ルート検証前に思ったのが、酒田の中町商店街付近には大きな立て看板型の地図が少ないと感じた。途中で道に迷った時や、周りの地理を知りたい時にとても役立つ。地図をいくつか用意し、そこに観光名所や必要施設を書き込み、「中町商店街」も記載すれば、商店街を訪れる人は増えるのではないか。

ルートでは、清水屋は大きく目立つ上に、旧鐙屋からもすぐみえ、中町商店街のすぐ近くに建っている。この清水屋に注目させることができれば、中町商店街に気づく観光客は多いのではないかと考えた。

さらに海が近く港もすぐそこ、リバーサイドルートには関心がある。日本海は魚介類も豊富で美味しいというイメージがる。酒田港よりと、鳥海山よりで違ったスタイルのエリアになりそう。残念ながらリバーサイドルート検証の時間が足りなかった。

◇学生ルート⑪

はじめての酒田で、最大の観光スポット、山居倉庫から芸術的な美しい橋を歩いて川辺の館でお茶をするまでの景観は、ドラマや映画に出てくるような情緒あふれる建物ばかりだった。川辺の館前の奉行所跡から石畳を発見した。この道を歩くと周囲に普通の民家が並び、石畳をしっかりみて歩かないとわからなくなる。ようやく本間家旧本邸にたどり着いたものの、そこからは周辺の雰囲気を察し、なんとなく賑やかな方向へと進んだら市役所前の旧鐙屋だった。そして清水屋を通り中町商店街に入った。

このルートでは、中町商店街には途中から侵入することになってしまう。中町商店街の入り口（大通り）から日和山公園までの直線をたどるルートにはあがらない。結局、本間家旧本邸正門から右ルートに進まなくてはならない。中町商店街の端から端をみてもらうために、このルートがもっと一般的になればと考える。導線をいじるのは大変であるが、やはり人目を惹くもの、人が吸い寄せられるシンボルに行き着いてしまうために、本間家周辺は重要なポイントである。「向こうに何かあるみたい」的感覚をぜひとり入れてほしい。

◇「ユニバーシティルート」からよみとる

学生たちのルート検証に共通しているのは、酒田を知らない人間に対していかに親切に酒田のよさを紹介するかであった。どうしても山居倉庫から中心商店街までの誘客を考えてしまう。観光客の立場になって考えた場合、何が不足し、何が必要なのか。その答えがルート検証で浮かび上がった課題の数々だった。既に地元関係者も認識されていることかもしれない。しかし素人の学生が酒田を歩いて気がついた基本的なことにこそ、人の流れをスムーズにするヒントが隠されている。

酒田を知る人間と酒田がはじめての人間が、主観と客観の混じりながらのフィールドワークとなった。限定された環境のなかでのルート構築は厳しいものがあった。結局、ユニバーシティルートの提示という大それたものにはならないが、学生なりのルートを提示することにした。

地元の関係者さえ頭を抱えているのに、数回の調査でルート構築しようとする方に無理があったのは十分に承知していた。ただ、あらためて五ルートの仮説を立て、中心市街地の流れを検証してみることには十分な価値はあったと信じている。

リバーサイドルートなど時間切れで提示しきれない部分もあったが、仮説を立てたルート検証によって整理できたいくつかの論点こそがユニバーシティルートそのもののようにも思えた。酒田の街はまだまだ探るだけの深い世界がある。

〈参考文献〉

・仲川秀樹、一九九四年、「地方都市の若者文化とマスコミの役割」『日本文化論への接近』日本大学精神文化研究所

・仲川秀樹、二〇〇四年、「地方都市活性化の試みと世代間にみる影響の流れ―酒田・中町商店街活性化のプロジェクト意識をめぐって―」『二〇〇三文理学部研究費研究成果報告書』日本大学

・『酒田市大火の記録と復興への道』一九七八年、酒田市

第6章 市民、商店主、観光客、学生たちと語った「メディア文化の街」

第1節 二〇〇五・中町シンポジウムの記録

1 メディア文化からみる地域活性化とは――学生の報告(1)――

司会 これより二〇〇五年「中町シンポジウム」を開催いたします。本日は、地元市民の皆さん、商店街の皆さん、学生の皆さん、ツーリストの皆さん多数お集まりいただきました。会場のまちづくりサロンもいっぱいです。七〇人近い参加者になりました。

メインテーマは、「メディア文化の街と商店街の進化」です。前回のフィールドワークから二年が過ぎた、二〇〇五年九月、二度目のフィールドワークを実施いたしました。今回は、「商店街の活性化から商店街の進化をめぐって」、主に人の流れを検証しながら歩き回りました。今年は、これまで四度にわたる学生の予備調査、今回の本調査の過程のなかで、気がつ

(1) 報告学生三名(プレ報告1、報告2)

いた点を自由に語ってもらう時間にしたいと思います。
シンポジウムプログラムにしたがって進めていきます。最初にプレ報告「酒田の街と中町商店街を歩いて」からです。時間厳守で進行させていただきたいと思います。それでは、お願いいたします。

プレ　皆さん、おはようございます。よろしくお願いします。今回、私たちは、四泊五日の日程で酒田の街を訪れました。その前に、七名の学生たちが、予備調査として酒田の街に来ています。私の場合は生まれてはじめてこの街を訪れました。

私は東京で生まれて東京で育ちました。そのため東京を離れることはなかなかなく、本当の自然に触れたことのない私にとっては、酒田の街はとても新鮮でした。鳥海山は、まだ雪が残っているほど雄大で、また庄内平野の稲穂はまるでゴッホの絵を見ているような感激を覚えました。また、中心地にある高校や、山居倉庫、本間家旧本邸などの歴史的スポット、市役所などの街の中枢部分や中町商店街を主に訪れることが出来ました。中町商店街ではインタビューをさせていただく機会があったのですが、その中で印象的だった言葉があるので紹介したいと思います。ある商店街のご主人が、「ＳＨＩＰは、コミュニケーション・ツールである」ということをおっしゃっていました。それを聞いて、「メディア文化の街、酒田」を象徴する言葉だなと感じました。

今回のフィールドワークでは、市内にある高校の生徒さんたちへ、ヒアリングをすることが出来たのは大きなポイントであると思います。二〇名の生徒さんたちに、進路のことや酒田の街のこと、普段の生活についてなど、かなり深いところまで意見を伺うことが出来ました。包み隠さずに素直な言葉を多く聞けたということは、とりわけ感謝しております。また、私たちが質問を投げかけることによって、普段は考えることのない郷土についてとか、酒田の街について客観的に考えていただけたのではないかとも思います。

今回のフィールドワークでは、たくさんの地元の方々とお話しをする機会がありました。私にとっては、一つの街にこのように滞在して考えてみるという経験ははじめてだったので、何だか第二の故郷であるかのような感じがしました。まだまだ私たちの研究は続くので、みんなで頑張っていきたいと思います。よろしくお願いします。

司会　ありがとうございました。それでは、報告1「メディア文化からみた地域活性化というトレンド―地域活性化プロジェクトと酒田のアイドル―」について、報告をお願いいたします。

報告者1　よろしくお願いいたします。私の研究テーマは、「メディア文化からみた地域活性化というトレンド―地域活性化プロジェクトと酒田のアイドル―」というテーマです。この研究で注目しているのは、これまでにはなかった新しいタイプの、アイドルによる地域活性化という酒田のプロジェクトについてです。

最近では、全国のほとんどの地域で地域活性化が行われていますが、現実には多くの地域で若い人たちが地方を離れ、都会へ流れて行ってしまっているという厳しい現実があります。そもそも、地域の活性化というのは、そこに人を集めることが出来れば成功だという考え方が根底に存在していますが、ただそこに集まるというだけでは一過性のものになってしまい、地域に根づいたものにはならないという問題があります。やはり地域社会の活性化のために大事なのはコミュニティ意識であり、その意識によって地域の人間関係がしっかりと作られていき、地域に根ざした文化も創られていくことになります。これこそが、今日、各地で目指されている地域社会のあり方です。

このように、全国で地域活性化を行うということがトレンドになっていると考えています。その中でも、酒田のＳＨＩＰは、地域アイドルとして全国にプロジェクトを広める先がけとなったので、さらに注目していきたいと思っています。

私は、今回のフィールドワークの前、七月に、予備調査のため一度酒田を訪れました。ちょうどその時に「中町メロンまつり」というイベントに参加させていただき、この時にＳＨＩＰのファンの方とも交流させていただきました。最初に思ったのは、ファンの人たちはＳＨＩＰのライブを観に来ているだけなのかなということでした。しかし、だんだん調べていくうちに、もともとファンの人たちはＳＨＩＰのライブを観に来ることでお互い知り合いになって、そのうちファンの人たちが自然に集まるような場所が幾つか出来たことが分かりました。たとえば、ライブが行われた際には必ず、特定のお店にファンの人たちが、集まるようになったと聞きました。そこでの会話は、もちろんＳＨＩＰの話題もありますが、それ以外のことなど幅広い内容になっています。いろんな交流を通して人間関係が深まっていくのをみて、商店街に必要な何かを考えました。

こうした機会は、ＳＨＩＰという媒体を通して人間関係が広まっていくということで、まさに一つのメディア文化が生まれているのではないかと思いました。そして、他にもいろんな活性化プロジェクトが他の地域で行われていますが、この研究で主にやっていきたいのは、ただ人を集めて消費行動につながって経済効果が生まれる活性化ではなく、いまだからこそ求められている人間同士のふれあいとか、しっかりとした人間関係を構築していって、それが地域に根ざして人の輪が広がっていくそんな中身のものです。そしてそれが続けばもちろん伝統にもなるし、その地域独特のオリジナルなものにもなると考えられます。そういう関係に重点を置いて研究を続けていきたいと思っています。

司会　ありがとうございました。それでは、報告２「メディア文化からみたアイドルと地域活性化―ＳＨＩＰともう一つの〝萌え〟現象を探る―」をお願いします。

報告者２　私は、「メディア文化からみたアイドルと地域活性化―ＳＨＩＰともう一つの〝萌え〟現象を探る―」というテーマで研究を進めています。とくに、女性誌『ＣａｎＣａｍ』のモデルや、秋葉原系のアイドル、またコミュニティ・アイドルであるＳＨＩＰの三方向から研究を進めていきたいと思っています。今回は、中町商店街のＳＨＩＰを中心に報告いたします。

　地域活性化、強いて言うならば商店街の活性化として二〇〇一年に登場しました「酒田発アイドル育成プロジェクトＳＨＩＰ」は、あらたなサブカルチャーの一つとしてその活動を広げています。同時に、ＳＨＩＰを媒体として、ネットワークは複数のファンという集合体の上に、もう一つの〝萌え〟現象を誕生させたと考えました。

　この〝萌え〟現象と商店街の活性化を探るために、二〇〇五年六月に中町商店街に入り、予備調査を行いました。予備調査とはいえ、商店街関係者の方、プロジェクトスタッフの方、さらにアイドルグループＳＨＩＰのメンバー四人に、単独のヒアリングも行いました。メンバーには、メンバーどうしのこと、ダンスについて、ファッションについて、また中町商店街についてなど、一時間にわたったヒアリングとなりました。

　ヒアリング当日のメンバーは、お揃いのピンクのジャージで部屋に入ってきました。自主的に発声練習を始め、それを終えた後、笑顔で私たちに対応してくれました。私たちは、とてもＳＨＩＰのメンバーの優しさと笑顔に感動して、すごく貴重な経験をさせていただいたと思っています。

私の研究テーマである「メディア文化からみたアイドルと地域活性化」の研究に用いるメディア文化とは、「メディアから発したエンターテインメントの高い文化を選択したその消費者にみるスタイル」のことです。酒田の街は、メディア文化にふさわしい伝統的な条件、映画館「グリーン・ハウス」というのが、かつて酒田にあったことを伺いました。その映画館には、いろいろなお店などが入っていて、映画が上映以外にも楽しめる空間だったようです。パンフレットやチラシなどのメディアにも関心が向いた特別な場所のようでした。そしてそこには中町ファッション（お洒落をして出かけていく）の女性たちが集まっていたといいます。すなわちメディア文化の発信地域だったのです。その延長上に、ＳＨＩＰというアイドルが存在すると考えます。そのＳＨＩＰを媒体とする人びとも、商店街では消費者とみることもできるのではないでしょうか。

ここで〝萌え〟現象とは、いまトレンドになっているそれとはまた違った意味で、つまり「ＳＨＩＰに集まるような熱心なファンの方たちの行動」を指して用いています。その対象モデルに対する行動が〝萌える〟ということになると考えています。

社会学的には、メインに対するサブ、つまり周辺に位置しながらもある一定のファンを確立したＳＨＩＰであり、あらたなサブカルチャーとして位置づけています。ＳＨＩＰの独自性をここにみることができると思います。

つぎに、酒田の街における人びとの流れに注目してみたいと思います。ここでは、イベントなどの人びとの行動に焦点を絞ります。七月の予備調査の時、ＳＨＩＰのファンの方々とご一緒に商店街を歩きました。ファンの方々には、いろいろな所で説明をしていただきました。すごく詳しく優しく教えてくれたので、はじめて行った中町商店街が、とても楽しく分かりやすくみることが出来て、とても感謝しています。

ファンの方々がどのように中町商店街を歩くのか、それをみることで、実際、ファンの方々の酒田で時間を費やすルートを確認できたのはとても重要なことでした。そしてその先には、中心市街地活性化の姿を想像することもできるルート検証の意味が大切になることを認識しました。

ＳＨＩＰはいまメディアに取り上げられることが多く、テレビや新聞、資料から彼女たちの姿をみることができます。商店街の店舗で新聞を読ませていただいたりして感じたのは、ＳＨＩＰの登場が酒田の露出になり、中町商店街の露出でもあり、そこに集う人びとが映し出される一連の動向はメディアによってもたらされたスタイルであり、酒田のメディア文化そのものであると考えます。

また、中心市街地をめぐる一般市民、商店街、観光客、そしてＳＨＩＰファンの関係性は、各自が独立しながらも結果的には一つの成果につながっています。コミュニケーションの場の存在、あそこに行けば誰かがいるという、その「場所」というのが大切だと、それをフィールドワークで感じることができました。

人間関係によって何かを消費し、そしてそれはお互いが関心を示すもので集まっていくということです。正確な結論は今後に委ねることになりますが、多くの人びとが抱く嗜好の世界に応える環境を中町商店街が用意するならば、自然に人は集まってくるのではないでしょうか。これが娯楽性の高いモデルであれば充分です。そこには人びとに潜在している〝萌え〟

というものをみることができるのではないかと考えています。ありがとうございました。

2　報告者と討論者―学生どうしの議論(2)―

司会　それでは、二つの報告に対する討論を二名の学生にお願いします。

討論者1　報告者二名への討論を行います。よろしくお願いします。私自身も酒田市と同じ山形県出身です。これまで客観的に酒田市というものをみたことがなかったのですが、今回フィールドワークで酒田市を訪れてみて、やはり同じ県という思い入れがありました。同じ学生仲間と一緒に自分の生まれ育ったところを訪れるということは、どこか少し不思議な感じがしながらもとても嬉しく感じました。

今回酒田を訪れたのは、予備調査を入れて二回目です。予備調査の時は、雨が降って、車での移動ばかりであまり歩くことができませんでした。山居倉庫から始まるルートも残念ながら歩けませんでした。しかし今回は初日から天気がとても良くていろいろ周りました。前回、雲にかかっていた鳥海山もすごくきれいに見ることが出来ました。中心市街地である中町商店街のルート検証をすることで、以前とはまた違う視点からみることが出来ました。とくに川辺の館から商店街に続くところで石畳があるのですが、以前はそこを歩けなかったのです、今回その石畳の上を歩くことによって、石畳というものがもっと観光客に分かりやすく示すことが出来ればということを考えたりしました。

また昨日、一昨日と商店街を歩き回ってみて、人が集まる場所があり、その商店街でコミュ

(2)　討論学生二名（コメンテーター）

ニティの場として重要なものがあることを改めて感じました。私は、コミュニティのある場でコミュニティ意識を高めれば、商店街に来てくれた方々が再び商店街を訪れて、活性化につながっていくと思います。地域活性化には、大規模な集客を目指すということが一つ、一方で小規模ながらコミュニティ意識を高める、という二つがあります。その二つの判断というのが難しい部分です。

報告1についての質問です。いまの時点で酒田には何が期待されているのか、メディア文化との関連性をふまえてお答えいただきたいと思います。

報告2の質問では、〝萌え〟という言葉がありました。それは「アニメキャラクターやアイドルに愛情を覚えること」というふうに私は理解しています。まだ正確につかみきれていない部分があるので、そこを概念化していただきたいと思います。あと、フロアにいらっしゃる方々の意見もふまえて、お聴かせ願いたいと思います。

司会　ありがとうございます。続きましてつぎの討論学生にお願いします。

討論者2　よろしくお願いします。私は今回はじめて酒田を訪れ、昨日・一昨日と実際に商店街を周ってお店の人から直接お話を伺いました。そこで感じたのは、先ほど述べられていたように、SHIPというものがあらたなコミュニケーション・ツールの一つになっているということを改めて感じました。本日のように、SHIPのライブがあることによって、全国から多くのファンの方が集まって、単にライブを観に来るだけではなく、商店街の数多くあるお店にも直接足を運び、そこが交流を楽しむ場になっていることも理解できました。当日は、ライブがあるだけではなく、ファンの人びとが集まってくれることによって、（お店の方は）朝からとても楽しみにしているというお話も耳にしました。また逆に、ファンの人が他の地域のアイドルに関するポスターやグッズなどを（お店に）持ってきてくれる。それが一方通行ではない双方向の発信となり，お互いに情報を交換し合っているという感じを受けました。

一般に地域活性化というと，目にみえる形としての経済効果が分かりやすいと思うのですが，ＳＨＩＰは経済効果以上のもの，つまりＳＨＩＰがなければ交流のなかった人びとどうしを結んだ媒体となっていることです。この媒体によってコミュニケーションが生まれ，一つのメディア文化が生まれたのではないかと思いました。実際，本日もファンの方がいらっしゃっているようなので，お話しを伺えればと思います。また，私も夜に中町のお店に何度か行ったのですが，その場を提供して下さっている商店街店主の方にもぜひお話しを伺いたいと思いました。

報告1についてお伺いします。資料の方にはＳＨＩＰのほかにサッカーの事例が出ていましたが，実際にサッカーの方でもファンどうしの交流があったりしているのでしょうか。そこでもＳＨＩＰと似たようなメディア文化が生まれていると思うのですが，何か違いがあればお聞きしたいと思いました。

報告2にもお伺いします。私はＳＨＩＰのライブをみたとき，メンバーに対して可愛い妹のような印象を受け，こんな若い子たちが地元の商店街で自分たちの街を活性化させようとしていることに，とても応援したいという気持ちになりました。しかし，一昨日高校生に直接ヒアリングする機会がありまして，その時にはやはり同年代というせいもあるのか，ＳＨＩＰに対してシビアな意見が多かったようです。実際に予備調査でＳＨＩＰのメンバーからのヒアリングで受けた印象，さらにヒアリングの具体的な内容などについてお聴きしたいと思いました。

司会 ありがとうございました。それでは、先ほどの質問の答えといたしまして、報告1の方からお願いいたします。

報告者1 はい。討論者1の質問についてお答えします。地域活性化には大規模な集客と小規模な集客があるということで、確かにこのどちらが良いのかという判断はすぐには言えないかもしれません。私の研究での考えとしては小規模な方の集客が重要だと思っています。それはなぜかというと、先ほど報告したメディア文化の点から考えてなのですが、たとえば大規模な大型スーパーを作れば、すぐに人が集まって、それなりの経済効果が生まれると思います。しかし大型スーパーに来る人はモノを買うという目的しかなくて、その中に人間関係とかコミュニケーションとか、そういうものを目的に来るわけではないので、そこにはふれあいもなく、ただ人を集めるという集客という意味にしかならないと思います。

小規模な集客の方は、すぐに経済効果とか消費行動には直接にはつながらないかもしれないのですけれども、たとえばSHIPであれば、SHIPグッズとか先ほど報告した商店街のお店とか、いろんな交流が生まれて、そこから人間関係の輪が広がり、一つのメディア文化が誕生しています。私はその点を踏まえて、いま現在求められている地域活性化については、小規模な集客の方を大事に考えています。

もう一つ、討論2の質問に対してですが、私はSHIPのほかに「アルビレックス新潟」というJリーグのチームを例にあげています。この違いについてですが、私の考えでは、サッカーというのはもともと既存のものであって、言ってしまえば誰でも知っているものであるので、サッカーで人を集めようとすると、もともと知っている人が多いから集まる人数も自然と多くなり、経済的にも成功しています。しかし地域アイドルは、数年前、ＳＨＩＰの場合では四年前に活動が始まって、もともと人びとの意識の中にあったのではなく、まったく新しいものです。たとえばサッカーがメインだとしたらＳＨＩＰはサブと考えています。私は、アルビレックス新潟も成功例の一つとして取り上げるのですが、ＳＨＩＰの方は、あえてサブカルチャーだからこそ注目しています。

司会　ありがとうございました。それでは報告2の方、お願いいたします。

報告者2　はい。討論者1の質問に対してです。まず〝萌え〟というのは芽生えを意味する「萌える」が語源であるということです。先ほどの討論者1の説明にもありましたように、もともとはアニメやゲームなどの美少女キャラクターに対する恋心・愛情表現のような言葉です。私は、またリアルな人間でもあるキャラクターを持つアイドルに対しても美少女キャラクターと同じであると考えています。ただ、今とても話題になっている〝萌え〟という言葉はよく聞くのですが、いまそれだけの意味で使われているかということを考えたときに、私は雑誌を読んでいて、雑誌のモデルが好きなモノに対して「萌え〜」と言う特集が組まれていたり、あとは「萌え眉」などと言って、眉毛の特集なのですが「萌え」という言葉が使われていたりなど、キャラクターやアイドルだけではない使われ方を最近耳にすることがありました。「萌え文化」というものが、文化の一つになった、と考えています。

これにつきましては、先ほど討論者の方が申し上げましたとおり、今日会場に来て下さっているファンの方々がとても詳しいと思いますので、あとでお話を聴かせていただけたらな、と思います。

また、討論者2の質問に対してなのですが、ＳＨＩＰのヒアリングは七月九日の午後二時半から酒田のホテル東急インで行いました。ＳＨＩＰのメンバーを見るのははじめてだったので、とてもドキドキしていたのですが、お揃いのピンクのジャージで入ってきたＳＨＩＰの方々は笑顔で私たちとお話しして下さり、すごく爽やかで可愛らしい印象を受けました。その後、メンバーの方々は自主的に輪になって発声練習を始めました。練習場のその部屋はパーティー会場のような場所だったのですが、マイクはなくアカペラで歌を歌っていました。ダンスの練習とメンバーどうしの歌の反省までが終わると、その後には好きなアイドルの話や好きなお話しなどで、すごく楽しそうにおしゃべりをしていて、とても仲良しだなという印象を受けました。

さて、インタビューの内容についてですが、まず、①「学校とアイドルの両立について」を伺いました。「初めはレッスンが大変なこともありました。しかし現在では慣れて今では楽しくやっています」と笑顔で話して下さいました。

つぎに、②「ＳＨＩＰのメンバーについて」という質問には、「ＳＨＩＰは本当に仲良しです。一人ひとりの個性がバラバラなので、逆にうまく一つにまとまっていると思います」と答えてくれました。それは私の目からも本当に仲が良いのだな、という印象を受けたので、すごく良いなと思いました。

続いて、③「ステージ上で考えることはありますか?」という質問には、「ステージ上ではファンの皆さんの顔がしっかりと見えます。また来てくれていると思って、とても嬉しくなりながらステージの上に立っています」と話して下さいました。

そして、④「ＳＨＩＰの服装について」も質問しましたが、「東京に行ったときに買う」とのことでした。東京に行く前に雑誌などを買って、欲しいものや見たいものを決めておきます。買い物の場所は、原宿や渋谷・新宿が多いそうです。

また、⑤「酒田の良いところについて」も質問しました。「お米や魚など、食べ物がとにかく美味しい」とのことでした。さらに「酒田は空気がとてもきれいです」と答えてくださいました。

最後に、⑥「中町商店街について」を質問しました。「商店街はまだまだシャッターが多いです。CDを出していって、キャンペーンをたくさんしてお客さんを呼びたい、シャッターを全部開けられるようにしたいです」と答えてくれました。

SHIPのメンバーは、四人ともとてもハキハキと私たちに分かりやすく答えてくださったので、私たちはとても楽しくインタビューをさせていただき、感謝しています。以上です。

3　学生に一般参加者が加わった議論(3)

司会　ありがとうございました。それでは、ここでフロアにいらっしゃる皆さんの方からも意見をお伺いしたいと思います。ご意見、ご質問をよろしくお願いいたします。ご質問される際には、お名前をお願いいたします。

フロア1　あの、質問があるのですが、よろしいでしょうか?

司会　お願いします。

フロア1　SHIPファンとして東京からきました。よろしくお願いします。まず、報告1へ質問があります。地域社会の活性化についてというお話しがあったのですが、何をどう思っ

(3)　報告学生二名、フロア三名(一般3)

て活性化ととらえているのか、ご説明をいただきたいと思います。

二つめの質問は、コミュニケーションとかコミュニティ意識という話があったのですが、誰が誰とコミュニケーションをとるのかとか、誰がどのようにコミュニティ意識を持っているのかということを具体的にご説明いただきたいと思います。

つぎに報告1へ質問です。グリーン・ハウスとＳＨＩＰの関連性について、具体的にご説明をいただきたいと思います。もう一つは、「ＳＨＩＰファンが〜」というお話だったのですが、「全体」のＳＨＩＰファンのサンプル数と、実際に調査を行ったサンプル数について、具体的にご提示いただきたいと思います。以上です。

司会　よろしくお願いします。

報告者1　フロア1の質問に対してなのですが、まず何をどのようにとらえて活性化と呼ぶのかについて、多人数の人が集まればそれなりの経済効果はあると思います。しかし幾ら多人数の人が集まっても、それだけでは活性化になるとは思っていません。全国で多くの活性化プロジェクトが行われていると思うのですが、厳しい現状にある地域がほとんどです。それは、その地域が行っている活性化プロジェクトが、地域に根づいていないからだと思います。「根づく」というのは、やはり最初は地域でやっているものだから全国的にも有名にはならないし、内輪だけで始まるものかもしれません。しかし地域で新しいプロジェクトが起こされることで地域の人びととのあいだに新しい関係が生まれます。それが有名になるにつれて県外から来る人と、地域の人が交流することでまた新しい関係が生まれ、さらにその関係がずっと続いていく、その継続することが活性化であり、「根づく」ということだと思っています。

もう一つ、コミュニケーションやコミュニティ意識について、たとえば酒田の場合だと、最初はＳＨＩＰをとおしてファンの方々が知り合いになったと思うのですが、お話しを聞いていると、ただＳＨＩＰを観に来ているだけではなく、商店街の各店舗に集まっています。ファンの方に伺うと、「目的はないけれども、自然にそのお店に行ってしまう」と話してくださいました。ＳＨＩＰが目的で酒田へ行くのですが、それ以上の交流を求めて出かけるのではないかなと。もともとＳＨＩＰがあってふれあっているけれども、それがなくなっても関係が壊れてしまうのではなく、集まる場所もある。そこに生まれるのが新しいコミュニケーションであり、コミュニティ意識であると思います。

司会　つぎのお答えをよろしくお願いします。

報告者２　まず、グリーン・ハウスとＳＨＩＰの関連性についてですが、私はグリーン・ハウスのある環境で育った世代の方たちがいまＳＨＩＰのプロジェクトを行っているということ、その方たちがＳＨＩＰを生み出しＳＨＩＰの活動を支えていること、そこに流れがあると思っています。ＳＨＩＰがコミュニケーション・ツールになり、かつて賑わっていた商店街を活性化しようという試みにつながっていると思います。当時のことについて、より詳しい方がいらっしゃいましたら、お話しを聞かせていただけたらと思います。

また、ファンの方たちのサンプル数なのですが、私が実際にルートを歩いてお話しを伺った方になります。予備調査に行った他のゼミ生から伺ったお話しも加えて、今回発表いたしました。全体のサンプル数は、三〇人前後になると思います。

司会　報告２の発言に関連して、酒田や中町商店街に来たときに、皆さんがどういったルートをいつも歩いているのか、どういった所を訪れているのかということを教えていただければと思います。

たとえばＳＨＩＰのライブがあった時に酒田を訪れると思うのですが、ＳＨＩＰのライブが始まるまでのあいだ、何をされているのか、とくに前日から酒田に入っているのであれば、空いている時間に酒田の街でどのように過ごされていられるのかなどについて教えていただければ、と思います。

フロア２　神奈川在住でライブを観に酒田にきたものです。まず、自分はだいたい車で酒田に来ます。最初に川辺の館へ寄って食事をして、それから商店街の中に入って、行きつけのお店に顔をだします。あとはジェラート屋さんに行ってデザートを食べながら話しています。順番は、その時々によってまちまちなのですが。あとは、ト一屋や清水屋で自分の欲しいものを買ったりしています。

前日に入っているのであれば、夜はパブに行ってみんなと食事をして、そして泊まってライブをみて帰る、だいたいそのようなパターンです。

司会　ありがとうございます。他の方にもお伺いしたいのですが。

フロア３　東京から来ています。私の場合はやや特殊なのですが、だいたい電車で酒田に来ることが多いです。車で来た方が経費的に安く上がるのですが、行動が特殊なので、他の人に合わせると周りが迷惑することもあって、電車を選んでいます。

まあ、朝一番の電車で酒田に来まして、朝一番で来ても到着は昼過ぎになるのですが、昼過ぎに着くと中町に出て、行きつけのカメラ屋さんへ行って、その後はジェラート屋さんに伺いまして、ジェラートは食べずに、まずご主人と共通の趣味であるクラシックカメラや写真の話をしまして（会場笑）、その後でジェラートをいただきます。

その後、いつものお店に伺いますと、だいたいファンの方々がいますので（会場笑）、そこで今日の予定とか明日どうするかとかいった話をします。そうしているうちに夕方になりますので、定宿の方に荷物を置きに行きます。夜は仲間が集まっているパブに行って飲むわけなのですが、その前にはす向かいにある喫茶店に寄って、そこでマスターと趣味のパソコンの話をして、そして宴たけなわの頃の浪漫亭に伺います。泊まりがけで来ているファンの人たちは、街中の、夜に飲んでもすぐ戻れる範囲内の所に泊まるのですが、僕は静かで畳の上で寝たいので、日和山の向こうにある宿まで二〇分くらいかけて帰ります。

翌朝は、宿で朝食をとってからまた街に出てきまして、また喫茶店に伺って話をして、そしてジェラート屋さんに伺う前にカメラ屋さんに行きます。そこは中古カメラを扱っているので、そこに伺って、出物情報を仕入れてからまたジェラート屋さんに行きます。そのように過ごしてからＳＨＩＰのライブを見ます。

終了後は、清水屋やト一屋といったところで生活必需品を買います。最近は東京で買わずに、ほとんど酒田で買っているのですが、買い物袋二つ三つになった荷物を発送し、夕方に帰るわけです。私の行動は、まあ極端な方に入ると思いますが、そこまでいかなくてもファンの人たちは、それぞれ好きな店に行って、欲しいものを買って帰る、という感じかと思われます。

何と申し上げますか、酒田は東京とは時間の流れ方が違うように思えます。だいたい、皆さんもゆっくり過ごしていかれます。僕は最初に酒田に来はじめた頃、何をして良いか分からなかったのですが、そのうちに、月に一度の骨休めに来るという感じになっています。このような感じです。

4　学生と一般参加者―メディア文化とサブカルチャー論議へ(4)―

司会　ありがとうございました。他に何か質問がございましたら挙手をしていただければ、と思います。

フロア４　よろしいでしょうか。

司会　はい、お願いします。

フロア４　群馬県太田市からきました。ＳＨＩＰが本格的に始まったのが二〇〇二年夏のことで、それから数多くのライブがおこなわれてきたわけですが、もともと少し前の段階からファンの方々の多くは知り合いでした。ＳＨＩＰって良いですよという話がネットなり口頭で話されていくうちに、それがきっかけになって酒田に集まるようになり、現在にいたっています。いくつか質問をしたいのですが、よろしいでしょうか。

報告1の学生さんにお聴きしたいのですが、まず地域活性化という言葉なのですが、活性化というのはいまの現状が良くないから活性化したいというのがあると思うのですが、それを目指すところの意味というものをお伺いしたいと思います。経済的な効果が欲しいというのもあると思うのですが、実際には厳しいし、それ以外の目的もあります。経済の活性化のために作ったものではなくて、要は「心の活性化」というものも一つのベースにあるのではないかと思っています。地域活性化について今回の調査をとおして、どのように結論づけられたのかをお伺いしたく思います。

また、地域活性化プロジェクトの例の中にあった「アルビレックス新潟」なのですが、これは実際に新潟へ行って調査をされてきたのでしょうか。実は、私自身はサッカーのサポー

(4)　報告学生二名、フロア七名（一般6、学生1）

ターもやっていまして、アルビレックスにも知り合いがいるのですが、やはり最初の段階ではお客さんは五〇〇〇人以下の動員しかありませんでした。単にサッカーチームがあるから人が集まったというわけではないのです。あそこも、地道な地域密着の営業活動を行って、その結果、今では平均三万から三万五〇〇〇人という入場者数を集めるにいたったというわけです。もっとも、それだけの入場者数を集めているといえども、その二割~三割は招待券といって、要はタダ券が配られたから入場しているお客さんです。もし、そのような招待券がなくなってしまった場合、観に来られないお客さんが増えるという可能性があります。そこでお金が発生する、しないという問題もありますが、基本的にサッカーは興業です。そういう興業と、SHIPというものを同類に並べるのはいかがなものかと思うのですが、この辺をどのようにとらえていらっしゃるのか、お伺いしたいと思います。

もう一つは、サブカルチャーとして、という言い方もされていると思うのですが、サッカーも基本的にはサブカルチャーです。サッカーを観る、応援するというのは、それは趣味だと思います。それが違うかのような言い方をされるのは、私としては非常に遺憾に思います。それはなぜかといいますと、アイドルを観るのも、サッカーを観るのも、基本的には観る媒体が違うだけであって、応援するという行動に関してはメインもサブも何ら変わりないと思うからです。なので、サッカーをサブカルチャーでないととらえる理由をお伺いしたいと思います。

続いて、マス・メディアにおけるものに関して、報告2の学生さんにお伺いします。アイドルというカテゴリーにおいては、アニメにおける声優さんをアイドルというのと、マス・メディアに出てくるアイドルさんというものは、基本的にカテゴリーが全く違う話です。マス・メディアで有名なアイドルを応援している人が、アニメのキャラクターをやっている声優さんを応援しにいくかといえば、されないのですね。それは全くカテゴリーが違うからです。これらは同等には扱われていないとは思うのですが、それらがメディア文化というなかで一緒にされているのはどうしてなのかをお伺いしたいと思います。

報告者2　メディア文化としてのあつかいですか?

フロア4　はい、マス・メディアに出てくるアイドルも、声優やアニメ業界で活躍しているアイドルも、一緒にあつかわれていると思うのですね。それをメディア文化ということで一つにまとめてしまうのは少し違うのではないかなと思います。とくに、酒田でこうやって調査されていますが、ＳＨＩＰはそれらとはまた別のカテゴリーにあると思います。それも一致させているのか、それとも別のものとして考えているのか、その辺りを聴いてみたいというのはあります。

あとはファンの行動なのですが、基本的には人それぞれで結構バラバラです。ただ、行く場所は一致していると思います。実際、ここで調査されている方は、行く場所は決まっていると思います。いま、討論して出てきたお店の名前は全部決まっているのですよ。同じような店ばかりです。でも、僕が思うのは、中町の商店街はそれらの店だけではなくて、ほかの店もあります。しかし、それらの店が全部ＳＨＩＰを応援しているかというと、そのようなことはない訳です。それらの店も含め、中町全体をちゃんと調査した上で「活性化」というものが成り立っているものなのでしょうか。実際、お店の中には「知らないよ」という主人もいらっしゃるのですよ。では、そういう方も調査した上で「活性化」という問題についてどういう判断をされているかをお伺いしたいと思います。

報告者1　では、お答えさせていただきたく思います。私は七月に酒田へ予備調査に訪れて商店街を見ましたが、明らかに人がいないと感じましたし、現段階でしっかり活性化しているとは私も思っていません。商店街の方からもお話を伺ったのですが、昔の酒田は商店街がとても活発だったので、いまみたら確かに人は少ないです。しかし、メロンまつりでは、少数であるけれどもファンの人たちが集まっているのを見ました。ＳＨＩＰがなければファンの方々は集まらなかった訳ですから、そこに新しい関係が生まれていますし、活性化に向けての効果はあると思っています。

もう一つのサッカーについて、私も調べたのですが、新潟で試合が始まった頃は町内会レベルで無料招待券を配っていて、かなりの数を無料で動員していたらしいです。その時は赤字だったのですが、次第にお金を払ってリピーターとして来てくれるお客さんも増えて、実際にはいま現在では招待客というのは全体の二割ほどになっています。年間シートも売れています。

サッカーをメインだとしたことにつきましては、それはサッカーをもともと知っている人が多くて、ファン層も多いのでメインと申し上げました。ＳＨＩＰにつきましては地域アイドルでありますし、知っている人も少ないので、サブカルチャーとしてとらえました。私は、サブカルチャーは、新しい関係を作っていく上で重要なポイントだと思っています。以上です。

報告者2　声優とアイドルの関係につきましては、私の中では声優さんとは歌を出したり踊ったりすることを本などで読んでいたのですが、やはりまだリアルなお話しを聴いていないのが現状です。これから調査をしていかなければならないと反省しています。こちらの点につきましては、アイドルの違いというものを教えていただけたらと思うのですが、お願いしてもよろしいでしょうか。

フロア4　アイドルは、二次元と三次元の世界に分かれています。声優さんは二次元のキャラクターを演じています。二次元を応援するというファンは、気まぐれにならない「キャラクター」を応援しています。もちろん、応援の仕方によって属性は異なってきますが、基本的に二次元と三次元とは全然違います。応援するお客さんの層も全然違います。そこを同じアイドルという枠で一緒にとらえられると、正しい答えは得られなくなってしまうと思います。

フロア1　あの、よろしいでしょうか。まず報告2の学生さんが書いている〝萌え〟現象というのをここでは、「ファンの人の熱心な活動」を〝萌え〟と定義すると言っています。ここに書いてあるのは、本来の〝萌え〟現象とは別のことを指していると私は思うのですが。

本来、〝萌え〟というのは二次元のアニメの世界から発生した言葉であり、ロリータコンプレックスを土壌とする幼女性愛がベースになっているとされています。それが、声優の登場によってだんだん三次元の世界にも展開してきた、と私は思います。それが、小倉優子を代表とするようなロリータアイドルを〝萌え〟として表現することにつながっていると思っています。それはそれで〝萌え〟として存在するのですが、ここで言う〝萌え〟はそれではない、そのように定義しないと話が進まないです。

フロア3　あの、いまの話に関連してなのですが、アニメ方面のお客さんとアイドル方面のお客さんとは消費行動が全く違うので、そのあたり、お金の使い方も含めて調べた方が役立つと思いますので、参考までに申し上げます。

報告者2　ありがとうございます。

司会　ありがとうございます。他に質問などがありましたら自由にお願いします。

フロア5　酒田市民です。非常に濃い質問が続いていて，われわれはアウェーにいるような気持ちです（会場笑）。私の質問はシンプルなものです。まず，前提となるＳＨＩＰのファンというのは通常何人くらい来ていらっしゃるのかをお伺いします。そして，ファン層はどのような職種であるとか，あるいは地域の方々も来ていらっしゃるのかというのをお伺いします。

それからＳＨＩＰのファンの方々の広がりと申しますか，デビュー当時からどのような広がりの傾向を示しているのかについて。これをお伺いしたいと常々思っていました。

さらに，報告1の発表にありましたように，まずコミュニティ意識というキーワードがあり，その中には人と人との交流に関わるネットワークの構築というものがありました。ここで「交流」というキーワードもありますが，それをファンの方々が常々どれくらい意識しておられるのかをお伺いしたいと思います。まず，それが一点です。

さらには，私も〝萌え〟というものをよく聞きますが，アキバ系の〝萌え〟と，ＳＨＩＰの〝萌え〟というのとはどのように違うのかが分かりません。この二点をお伺いしたいと思います。いかがでしょうか。

フロア2　そもそも，「〝萌え〟とは何か」という定義からきちんと固めていかないと話がまとまらないと思います。報告2の学生さんなりに「こういうのが〝萌え〟だ」と考えているのがあると思いますが，それはそれで〝萌え〟というのがどういう行動なのか，どういう感情なのかをもう一度きちんと確認して，それからまとめていくことが先だと思います。

〝萌え〟というのは，Ａ＋Ｂ＝Ｃだから〝萌え〟という単純なものではないです。その人の持っている個人個人の感情のものですから、たとえば「こういうものが〝萌え〟」であるとか、「こういうことをすれば〝萌え〟」とか、そういうものではないです、〝萌え〟という感情は。一〇〇人いれば一〇〇の〝萌え〟があるのですから、確固たる〝萌え〟というものはないと思います。つまり、アキバ系の〝萌え〟とSHIPの〝萌え〟はどう違うかという点については、それは全部違うかもしれないし、実は全部同じかもしれないのです。

率直に申し上げまして、〝萌え〟だと言っている渦中にいる人たちも、「〝萌え〟とは何なのですか?」と聴かれても、はっきりと「これが〝萌え〟です」という答えはないと思います。答えがないか、もしくは、一〇〇の答えが返ってきます。「こういうのが〝萌え〟です」とか「ああいうのが〝萌え〟です」とか。ですから、〝萌え〟というテーマをあつかう場合は、自分の考えるところの「こういうのが〝萌え〟」なんですという定義をやり直して、それに基づいて発表をしていかなければならないと思います。そうしないと、おそらく〝萌え〟という感情を扱うテーマは成り立たないと思います。以上です。

フロア3　〝萌え〟という発生と展開については、元徳間書店の『少年キャプテン』編集長をやっていた人が、ご自分のサイトで検証をしておられるので、そちらを参照していただくと良いかと思います。(会場笑)

報告者2　ありがとうございます。

フロア5　ファンの方々に質問があります。ファンの方々は、主にどういった媒体を通してコミュニケーションをしていらっしゃるのでしょうか。また、SHIPのライブのたびに酒田に来る方は、何人くらいいらっしゃるのでしょうか?

フロア2　二〇人くらいでしょうか。

フロア4　県外からだけですか？

フロア5　いえ、県外からに限らずです。

フロア1　県外から二〇名、酒田市内から三〇名前後といった感じですね。

フロア5　ありがとうございます。

司会　報告2における〝萌え〟について、報告者自身の考えている〝萌え〟についてお願いします。

報告者2　私がここで挙げて〝萌え〟現象に対していろいろな意見を聞かせていただきましたが、私はそれらの〝萌え〟現象とは少し違った見方をしてみようという形で考えています。熱心なファンの人たちの行動について、つまりアイドルということだけではなくて、何かの行動に熱心になるということを〝萌える〟ということとして、私なりに考えたということなのです。ご指摘いただいたとおり、それは秋葉原の〝萌え〟と違いますし、〝萌え〟にはいろいろな形があると指摘していただき嬉しいのですが、私もいま意見をたくさん聴かせていただき、自分なりに考えていた、秋葉原の〝萌え〟とは違う〝萌え〟というものを再確認して、もう一度考え直してみたいと思います。何かの行動に燃えること、そのことを〝萌え〟とみていこうと私は考えています。

司会　ありがとうございます。〝萌え〟というより〝萌え〟現象について考えるということでしょうか。他に質問のある方、お願いします。

フロア6　群馬から来ています。お二方の発表を聞いていましたが、メジャーなカテゴリーとＳＨＩＰというカテゴリーについて考えていらっしゃいます。報告1の学生さんは、アルビレックス新潟はすごく人気のあるチームだけどＳＨＩＰはどちらかというと小さなコミュニケーションで活動していると指摘しています。

　報告2については、女性誌などメジャーな雑誌メディアで使われているアイドル、秋葉原系のアイドル、SHIPというコミュニティ・アイドルに注目していますが、SHIPの方はどちらかというとまだ小さなコミュニケーションであり、メジャーなものと比べて何が足りないのかを考えていくことが結論になっていくと思います。

　僕が考えるのは、たとえば「サッカーに行ってきましたよ」と人に伝えることは、そんなに恥ずかしいことではないじゃないですか。また、ファッション雑誌の話でも「あの服は可愛いよね」とか、そういう話は別に抵抗なくどこでも出来るではないですか。しかし、SHIPに関する話では、僕たちが社会人であると仮定したとして（会場笑）、上司や先輩に「昨日、酒田にSHIPを観に行ったのですよ」と言うことは恥ずかしいです。少なくとも僕は言えないです。いい歳をしてアイドルをみているとは伝えられない、コミュニケーションが広がらないのです。そういうところを外していけば、SHIPもメジャーになっていくかもしれませんが、それが出来ないので小さなコミュニケーションの中で秘密結社的な集まりのようになっているわけです（会場笑）。そういった部分も注目されていくのが良いと思います。

　またフロアからの質問にあった、ファンはどういう媒体でコミュニケーションしているのかについては、「ネットです」と言うしかありません。ネットでは顔はみえないし世間体もないので、コミュニケーションは簡単なのですが、ネットに頼らねばならず、ライブとなれば広いところから集まらなければなりません。ここで、アルビレックスでは新潟という共通項で集まれます。ネットでコミュニケーションしている人もいますが、ネットがなくても集まれます。雑誌だったらみんなで集まって話が出来ます。このようなコミュニケーションのしやすさの違いという点にも注目すると分かりやすくなると思います。以上です。

司会　ありがとうございます。学生の方で何かありますか?

学生1　今回、私はフィールドワークではじめて酒田に来て、中町商店街を歩いて来ました。二日目に地元高校生から話を聞いたのですが、彼らは商店街に対して少し否定的な意見を持っていると感じました。昨日、フリーマーケットが清水屋の前で開かれていて、その時に中学一年生の女の子の話を聴くことが出来ました。その子は、「中町には郊外のジャスコと同じくらいよく遊びに来ていて、一日中遊んでいても全然飽きない」と言いました。「何をやっているの?」と聞いたところ、「文化センターに行ってパソコンを見たり本を借りたりしている。同年代の友達がいてすぐ会えるし、商店街を歩いていてもお店の人が話しかけてくれるから、すごく居やすい」と言っていました。また中学校ではSHIPファンの友達もいて、「休み時間は恥ずかしからずにSHIPの話をしている」とも言っていました。

　ここで商店街の方にお伺いしたいのは、いま申し上げた高校生、中学生の話は一つの例なのですけれども、地元の小中学生や高校生の考えについて、現状について感じるところがあれば、少し聞かせていただけたらと思います。よろしくお願いします。

フロア1　商店主さんは、いかがですか?

フロア7　まあまあ、いま指名してくれるから。(会場爆笑)

司会　それではお願いします。

フロア7　(第7章　商店主が語る参照)

司会　ありがとうございました。SHIPについて商店街の方からの意見が聴けてとても嬉しかったです。ありがとうございます。ほかに何か質問はないでしょうか。

司会　では、お願いします。

フロア8　地元の学生です。発表お疲れ様でした。皆さんの発表をはじめ、一般の参加者や商店街の方の話を伺うことが出来て、大変勉強になりました。私の方から質問です。ＳＨＩＰはコミュニケーション・ツールであるという考えがありましたが、まちづくりを行う場合、街を変えるというだけではなくて、人びとの心を商店街の方に向かわせる、すなわち人びとの心を変えるツールとしての役割もＳＨＩＰに秘められていると考えています。報告者のお二人には、今後のＳＨＩＰの展開について、どのような可能性が秘められているかについての考えをお伺いしたいと思います。

司会　では、お願いします。

報告者1　商店街に来る人の心に影響を与える可能性についてお答えします。私はＳＨＩＰのライブを清水屋さんの前にある広場で観ました。その時、ファンの人たちが応援しているそばを高校生の人たちが通りかかり、少しだけライブを見たのですが、そのまま通り過ぎてしまいました。その時、応援に入りにくいものがあるのかもしれないし、高校生たちはＳＨＩＰのライブを応援するところまで心が動いていないということが何となく分かりました。

先ほど、商店街にいた中学一年生の女の子の話をしていましたが、私はそのお母さんにお話しを伺いました。そのお母さんは、酒田の街のことを女の子にいろいろと伝えていました。街を思う心は、女の子にも伝わっていると思いました。フリーマーケットに行くのを、女の子は最初嫌がりましたが、連れて行くうちに楽しくなったと言って、そのうち一緒に来るようになったそうです。ＳＨＩＰライブも観たことがあると言っていました。私はＳＨＩＰファンの人たちのことをどう思いますかと質問しました。すると、ＳＨＩＰのライブを観ることが目的であれ、県外から人が来てくれるのは、それも継続して来てくれるのは嬉しい、と言っていました。

ここから地元の人の心が変わるかもしれないという可能性について考えると、やはりライブが行われると、ＳＨＩＰだけではなくその周りにいるファンの姿も目にとまります。ＳＨＩＰがいるから大勢の人が集まるのだ、ということが分かると嬉しいし、そうなれば良い方向に向かっていくのではないかと思います。

報告者2　いま、報告者1の方から中学生と母親についての答えがありました。私は県外から来るファンの方についてお答えします。商店街の方にお話しを伺っていた時に、「酒田の人ではない人は、中町商店街を歩いていてもすぐ分かる」というお話しを聞きました。はじめて来た方は、きょろきょろと見ながら商店街を周って歩くそうです。商店街というのは、知らない所から来た人がすんなり入るには難しい場所かもしれないが、商店主の方が一言声をかけることによって入りやすくなる、すると県外から来た方はつぎに来たときにも寄ってくれる、そしてSHIPのことで情報提供をしあうばかりではなく、中町の話やそれ以外の話題にも広がっていくとのことです。このような傾向が続いていくと良いのではないかと思います。

司会　たくさんの質問をしていただいて有り難いのですが、このあたりで区切りにしたいと思います。商店主のお話しにもありましたように、ＳＨＩＰのコンセプトは、夢と誇りを自分たちの商店街に持ちたいということです。それは商店街の人たちに向けて発せられているものなのだよということが、とても強く伝わってきました。「そうなんだ！」ということがすごく伝わってきました。

私は、これまでＳＨＩＰというものは県外の人を呼ぶためにとか、地元の人たちを商店街に呼ぶために活動していると思っていたのですが、それよりもまず自分たちの商店街に夢と誇りを持つことが、商店街の活性化につながっていくこと、長い時間がかかるかもしれないけど、それが一番大事なのだということが分かりました。

さらにＳＨＩＰというものがコミュニケーション・ツールとして、県外から来たファンと商店街の方々が話をするきっかけになっていることもみえてきて、メディア文化の街、酒田においてＳＨＩＰはとても大切なものになっていることに気づきました。フロアの皆さんありがとうございました。

第２節　中町シンポジウムを振り返って

１　中町シンポジウムの総括(5)

司会　ありがとうございました。それでは最後に主催者側からの総括とお礼の挨拶があります。

総括　本日は、日曜日の午前中からシンポジウムにご参加くださり、ありがとうございました。それから四泊五日のあいだ、学生たちのフィールドワークにご協力いただき、ありがとうございました。学生たちの報告に関しましては、一生懸命やりましたが、まだまだ概念規定や用語の説明などが不十分です。これは私の責任です。それにもかかわらず多くのご指摘、ご

(5)　二〇〇五年九月一八日(日)、中町まちづくりサロンにて開催の中町シンポジウム。

教示を感謝いたします。すぐに持ち帰って対応したいと思います。

シンポジウムのなかにも、何度か学生がこだわって表現している部分がありました、もう「商店街の活性化」ということは終わっていると認識しています。二年前のフィールドワークで、「商店街の活性化」について、一つの報告をまとめました。いまは、「商店街の進化」をキーワードにして進めております。その「商店街の進化」に関して、先ほど商店主の方が非常に象徴的なことを話してくれました。

報告にもありましたように、今回のフィールドワークでは商店街全部は周っておりません。今回は、四ヶ所しか周っておりません。その四ヶ所のお店というのは、本当にSHIPに関心があって協力してくれる店です。他のお店は二年前に周りました。商店街でも、いかにSHIPに関心がないか、いかに非協力的かということを学生たちも私も痛感しました。それが、良いとか悪いとかではなく、商店街にも多様な考えがあるのだなと。

今回四店に絞ったのは、その四店の中でSHIPの話とかSHIPをどう思うかという話ではなく、この二年間の客層がどのように変化したか、そして人の流れも変わってきたのか、そういう情報をキャッチするためでした。ですから、いろいろなお店があるということも私たちの方にも含まれています。そして高校生のあいだでも、ファミレスがあってマクドナルドがあってゲームセンターがあれば、中町に来ると。それに関しても一切対象外です。中町の多くの店主たちはそれをよく分かっています。しかし市民の多くはそういう層だけではありません。もうはっきり、酒田も階層分化が明確になってきています。そんな状況のなかで、ああだ、こうだと、感情浄化的に、取り上げるのはやめました。

私たちのシンポジウムは、どこかの専門家の講演をやって、まちづくりとはこうだと言ってもナンセンスなことだと思っています。酒田の街に住んだことのない人間が酒田のことを話せるわけがないし、とにかく偉いことを言って地方はどうとか、そういった理論は必要ないと思いました。私たちは、予備調査も含めて、酒田というのはこういうベースがあって、その歴史の積み重ねのなかで何をするべきかと、それからさらに、どう変化していったらいいかと。これをなくして酒田の街は語れないと思うのですね。ですから、酒田の歴史や中町商店街の連続性を大事にしていくべきだと思っています。

先ほど、商店主さんがストリート・デパートという話をされましたが、私はずっと小さいときから中町に出かけていましたので、その意味がよく分かりました。今回のシンポジウムでもっとも印象的な言葉です。

総括に関しては長々と話すつもりはございませんので、ポイントだけ説明させていただきます。今回のフィールドワークは、四泊五日しかありませんでした。正直、時間がありません。もう全員でまた来るということも出来ません。そこで今回は何を目指したかというと、「商店街の進化」としてルート検証、具体的には五つのルートを構築しようというものです。

一つは「クラシックルート」。これには中心市街地を構成する中町中和会・中通り・たくみ通り・大通りの各商店街があります。これら全体が「クラシックルート」です。そして、歴史的な山居倉庫や奉行所跡、石畳・本間家・鐙屋などまで行くルートは歴史的な「ヒストリックルート」です。

同時に、観光をはじめとして、どのようにしてお客さんを中心市街へつなげていこうかということで、私たちは既存の「ヒストリックルート」に「ツーリズムルート」との関係性を融合させながら、どのような展開が出来るかを検証しています。そして、昨日ある商店主の方とのヒアリングで、松尾芭蕉の「不玉宅跡」からお客さんがどのように行けばいいのかという話が出た途中での空白地帯というのが、本間家から中通り商店街に入るコースなのですね。実際、学生たちを歩かせて実験したところ、多くの学生たちは、左側の鐙屋さんの方へ歩きました。観光客というのはそうです。学生が言うには、石畳があっても石畳を意識して歩かない。当然ですね。シンボルを目指しているのですから。

たとえば、本間家向かいの角にテントを立てて、近道でこのようなお店がありますよとか、あるいは松尾芭蕉の碑のところで俳句の好きなお客さんに向けて俳句を詠んでください、そうするとお茶を一〇〇円割引きしますよ、とか。こういうのはいますぐできるのですよ。私たちは、専門家を呼んでああだ、こうだと言うことより、いまできることを提示したい。ですから、四泊五日のなかの成果を「ユニバーシティルート」として確立したいと考えています。完成した時点で報告書を提示したいと思います。

もう一つは「リバーサイドルート」。つまり川辺の館の前の新井田川からみて、海鮮市場・酒田港方面と、商業高校から鳥海山の方面とに分けたルートにする。このルートではこのようなイベントを開催しています。こんなお店がオープンしていますと。一つだったら一つでもいいのです。そうすると、「ああ、こんなのがあるんだ」となります。表示はパネルのようなものでいいのです。置けばいいのです。すぐできることなのです。そのような、出来ることを提示していきたいな、というように考えています。

本日は、これから「中町なしまつり」があるということで、これで終わらせようと思っています。なしまつりの準備とか、学生もまだ食べていないお店にも立ち寄りたいそうですし、歩きたいところがあると言うし、商店街の方ともお話ししたい、ファンの方ともお話ししたいということもありますので。

　最後に一つだけ、ＳＨＩＰ関係のことで、これだけは申し上げさせていただきたいと思います。何だかんだといろんなことを言いましたけれども、二年前の高校生といまの高校生が、ＳＨＩＰに関して大きく意識が変わったことが二日前にはっきりしました。いままでＳＨＩＰを相手にしなかった高校生の発言が、ここにきて一八〇度変わってきたのです。これについては別の機会に申し上げたく思いますが、社会というのは時代とともに移っています。そのような部分でのＳＨＩＰ云々ということはもう必要ありません。

　今回のシンポジウムをみても、いろいろな形でネットワークが広がることを嬉しく思いました。よくコミュニケーション・ツール、コミュニケーションの媒体と言いますが、関係性のネットワークというのはこういう形で広がっていきますし、大規模でなくてもさまざまなつき合いの中で広がっていきます。それらがいろいろなところで注目されたりするのは大きいのではないかなと思いました。

　本当にありがとうございました。（会場拍手）

司会　本日は大変お忙しい中、中町シンポジウムにお集まりいただき、ありがとうございました。これから、一生懸命酒田のことを考えながら、みんなで研究を進めていきたいと思います。このあとも、「なしまつり」とＳＨＩＰのライブが楽しみです。
　本日は、本当にありがとうございました。（会場拍手）

2 中町シンポジウムが残したもの

フィールドワークに参加した学生一六名、それに一般市民、商店街関係者、観光客、合わせて六〇数名がまちづくりサロンに集まってくれた。こちらが用意していた資料は、五〇部だった。途中、学生たちがあわてて追加コピーをした。正味二時間二〇分にわたった。午後の催しがなければもっと続いていた。まだまだ話し足りない様子のシンポジウムになった。

四度の予備調査と今回の本調査をふまえた学生たちとはいえ、ほとんど酒田の街を知らない。二年前のフィールドワークのメンバーも卒業し、あらたなメンバーによる四日間の成果。ただ、客観的に、酒田でみたり、聴いたりしたことをまとめ、自分たちの研究テーマに合わせての報告と討論になった。学生のぎこちなさをカバーしてくれたのは、一般の参加者たちだった。シンポジウムは予想以上の盛り上がりとなった。

一般の市民は率直に学生たちに現状を語り、これからの方向性を示していった。観光客は、厳しい実態を述べながらも酒田の良さを語っていた。学会や研究会のようなスタイルはとらず、誰でも気兼ねなく意見を述べ、お互いの疑問をぶつけあう、アットホームの雰囲気があるからこそストレートな表現で酒田の街、中町商店街の課題を出し合えた。

地方都市の中心市街地の現状は、商店主の発言でも重く受け止めた。それでも多様なプロジェクトを継続しながら、一つのイベントが終わった時の満足感、お客さんたちの喜んだ表情など、充実する時間のあることなど、普段、お客の側では気がつかないことも知った。

観光客の発言も意味があった。リピーターも多く、酒田を訪れた場合に立ち寄るコースもできあがっていた。都心では味わえないコミュニティに誘われることも大きかった。商店街に来るというのはやはり人間的交流がもっとも大きいことを認識させた。商店街のウリはここにある。逆にこれが若い人びとの商店街離れを生んでいることも表裏の関係にある。いずれにしろ中心市街地、中心商店街の活性化のためのプロジェクトは続いている。

今回のシンポジウムの意味は、活性化からいかに進化していくか、中町のあるべき姿を学生と一般市民、商店主とのあいだでなされた事実からよみとることができた。

第7章

メディア文化の街、未来へ向けて──商店主・脇屋直紀氏が語る──

第1節　メディア文化的まちづくりの必要性(1)

1　アイドルプロジェクトは商店街の挑戦

◇商店街に元気を

かつて山形県屈指の人出を誇った酒田の中町商店街。しかしいまは、お客の姿もまばら、昔の賑わいはなく、シャッターを閉めるお店も多い、いわゆるシャッター街になってしまった。そんな商店街に元気をと結成されたのがアイドルグループ。山形県の酒田で全国区のアイドルを育てたい、若手の商店主たちの前代未聞の挑戦は、全国から注目をあびることになった。そんな突飛なアイディアを言い出した一人が脇屋直紀氏。

脇屋氏は、中町の商店街連合会の専務理事もつとめ、商店街ではつねに新鮮な企画を提供す

(1)　テレビ朝日系『日曜のマゼラン』二〇〇四年一月一七日OA。

る。アイドルグループのプロジェクトで一躍、メディアの取材も多くなったものの、中町に住み、中町のよさも大変さも味わってきた商店主である。酒田大火の洗礼を受け、グリーン・ハウス世代の代表格でもある脇屋氏に大いに語ってもらう。

◇酒田大火の復興から夢のある場所をつくる

ここで商売をしようと思っている人たちにとっても、そういう夢のある場でなければ、やっぱりここで商売しようとは思わない。元気をなくしたふるさとの商店街に夢をもちたい。かつての賑わいを失った商店街の姿をみてそれを実感しています。

どんなに活気を失ってもここがふるさとであることは変わりません。自分にとっては、この中町商店街というのは、なんでもいろんなものがある、来るたびにあらたな発見がある、子ども心ながらにワクワク、ドキドキするようなここはそんな場所でした。中町商店街は約八〇〇メートルの一つのアーケードとして、大変な賑わいがありました。

雪のなかでも多くの買い物客が行き交う商店街、しかしある出来事がこの賑わいを消し去りました。一九七六年一〇月に起こった酒田大火、折からの強風にあおられて、炎は一瞬にして商店街を焼き尽くしていきました。そして復興に立ち上がった商人たちを待っていたのは、あらたな社会。

再建するために相当の借金を背負ったわけです。そしてそれから起こる車社会などになかなかスムーズに対応できない。郊外の方に、大きなお店ができた時にそれに対応するだけの、自分の商売に力を注ぐだけの余力はなくなってきました。商店街はどんどんどんどん落ちてきたように思います。全国どこでも同じだとは思いますが、やっぱり中心商店街というのは、どんどんどんお客さんが離れていっているのが現状です。

焼け跡から店を再建するためにできた借金、郊外に続々進出する大型店、沈み続ける商店街、将来を商店街にかけた後継者たちの苦悩が続きました。

◇アイドルで商店街の夢を具現化

そこで言い出したのが、酒田発アイドル育成プロジェクトです。それは商店街が全国に通用するアイドルを育て、日本中に酒田の魅力を発信していこうという企画でした。いろんな方法があるなか、なぜアイドルなのか、やっぱりいま商店街に人がこないと言うのは、そこに夢がないからだと思っていました。

そこで酒田出身の東京在住でボイストレーナーをやっている方から、「アイドルでまちおこしができるのでは」というアイディアをもらいました。そして商店街の夢を具現化しようとしたのがＳＨＩＰです。アイドルプロジェクトを立ち上げたＳＨＩＰは、いま、夢に向かって商店街ともども、自分たちの夢に向かって漕ぎ出しています。

◇商店主に理解してもらうこと

しかしこのプロジェクトはなかなか商店街関係者に理解してもらうことは難しいです。世代が違うと説得云々より、これになかなか理解を示してもらえません。とりあえずこのプロジェクトに夢をみられる人たちだけで、まずやってみようということで進めました。いきなり全員というわけにはいきません。コンセンサスは取れないですね。商店街のなかではそんなにアイドルが好きな人はいません。私もアイドルへの関心はあまりありませんし、芸能関係は素人です。こうして素人ばかりだと何もできないので、地元の舞台関係者、芸能関係に詳しい方にプロデュースしてもらっています。

2　メディア文化的プロジェクトの継続

◇ファミリー層よ、ふたたび

ＳＨＩＰのコンセプトは八〇年代から九〇年代半ばのアイドルです。カバーする曲もその時代のものが多くなっています。この時代はアイドルがアイドルらしかった時代です。懐かしい時代の曲を手がけている理由として、中心商店街から離れていった人たちというのは、ファミリー層あたりです。その辺が郊外に流れているわけです。ファミリー層というのは三〇代のお父さん、お母さんなので、その琴線に響くようなプロデュースをしているようです。

◇アイドルプロジェクトの効果

たくさんの人がきてくれると街に元気が出ます。やはり継続しないといけないと思います。そのためにはいろんな努力をして頑張ります。アイドルプロジェクトによって、いままで中町に来たことのない人が固定客となり、街になじむようになりました。街の行事にも参加するようになりました。昨年も、今年の日本海寒鱈まつりや、酒田まつりでも、出店のお手伝いやお神輿をかついだりして協力してもらっています。いろんな効果が出ています。

ホームライブなどがあるといろんなところからたくさんのお客さんがくるわけですよ。そういう姿をみると街の活性化に役立っているとそういうふうに思っているようです。商店街関係者には、やはり目でみせて理解してもらうことを考えています。

◇アイドルプロジェクトの課題

課題といいますと、やっぱりアイドルというものの先というのが本当に分からないことです。一体どうなるのだろうと、自分たちもわからない。ただそれでも一歩ずつ歩んでいかなければなりません。そうしないとみんなから忘れられてしまうということになります。

やはり商店街に夢というものが根づくには、こういうことでも継続して長くやっていかないと意味がないと思うのですよ。そういうところを分からないなりにも、一歩ずつ、とにかく頑張っていこうと思います。夢を得るためには続けなくてはいけないのです。

第2節　ふたたび、中心商店街を酒田のシンボルに(2)

1　中町はストリート・デパート

◇活性化とは商店主自身に向けての言葉

フィールドワークの学生さんから、中学生で中町を愛してくれている人たちもいたという例を聴きました。それは特異な例です。これについては前段階からお話ししなければなりません。

(2)「二〇〇五中町シンポジウム」二〇〇五年九月一八日。

ＳＨＩＰのまちおこしと商店街の活性化という話がよく出ます。そのとおり、中心商店街の活性化を目的としてアイドルグループを育てています。

その活性化なのですが、普通に考えれば、街にお客さんが来て賑わっているという現象を目指すわけで、それをもって活性化と言います。まあ究極的にはそう言われるのでしょうが、ここで商売をする人間として街の活性化と言われたとき、まず誰に向けてその言葉を発するかといえば、やはり私たち自身に向けての言葉であるのですね。ここで生活するにあたって、この土地に住んで、生涯住めるのであれば、ここに夢と誇りを持ちたいと。この心がなければ、地元を愛することもできません。

◇中町はストリート・デパート

商店街活動をいろいろとやっていて感じることは、この中町商店街は世代が幅広いですし業種も広いです。全国的にみれば、ある一つのコンセプトを持った商店街があります。そういう商店街はたとえば観光で生きるといったように状況の特異性があります。コンセプトをもった商店街は、もともと業種が揃っていることもあり、一つのコンセプトが打ち出しやすいのです。

しかしこの中町商店街というのは、昔からいろんな業種が集まっていて、横に並んだストリート・デパートみたいなことで賑わってきた商店街です。ですから、商店街全体として一つのコンセプトを掲げて活性化しようと言ったときに、業種の違いや世代の違いでなかなかまとまりません。コンセンサスがとれないのです。いままで全体で話をしても、一つの方向にベクトルを向けて活性化させようという話にはどうしてもならないのです。

そういう経験をふまえて、それならば、それぞれにやりたいことをやるのはどうかと。ＳＨ

ＩＰがいま、「この指とまれ」と歌っていますけれども、やりたいことを誰か声を上げて賛同者を集め、すなわち一つの物事に対して夢と誇りを感じることのできる人間が集まって、まずやれることを実際にやりましょうよと。そうやって募っていかないと、当初に掲げた事業のコンセプトがどうしても薄くなってしまう。あまり幅広い層を求めると、なんのためにこの事業をやろうとしたのか分からなくなるというような状況に追い込まれるわけです。そうならないためにも、ＳＨＩＰでまちおこし、ＳＨＩＰという一つのコンセプトのしっかりした事業は、有志を募って進めなければならないのです。

それゆえ、商店街のなかにもＳＨＩＰなんて知らない、私は関係ない、何をやっているのか分からない、という人はいます。ＳＨＩＰは有志を募って進めた事業であるからこそコンセプトがしっかりして反響も大きく、全国に発信されるのですが、地元の盛り上がりとしては一部だけなのではないか、というのはあります。当初の話の進め方としての宿命を背負っているわけです。

◇アイドルを掲げた理由

私は、まちおこしや商店街の活性化と言ったときに、一本の柱で済むわけはないと考えます。たとえば、福祉や安らぎのある街づくりみたいな柱を掲げて街の活性化を考えてもらえればいい。もともと中心商店街はお年寄りには愛されているのです。いまでも。しかし若い層やファミリー層、そういう方々が郊外の方へどんどん出て行きました。そういう人たちにぜひともまた中心商店街に戻って来て欲しいという柱として、このアイドルというものを掲げたわけです。

アイドルというものに反応する層として、やはり一番反応したのは幼稚園児と小学生です。

それにつられてその親の層も反応しました。若者層にも反応して欲しかったのですけれども、地元で同年代の女の子というと、小さい頃からよく知っていて「なんだ、あの子」みたいな感情が先に出てきてしまって、アイドルという偶像の部分の、神秘性なり魅力性というものを地元の同年代はなかなか感じてくれない。ということで、正直申し上げまして若者層への反応はあまりありません。ただ、小さい子どもは「私もＳＨＩＰになりたい」と言ってくれます。

◇夢と誇りをもって

結局、そういうふうに私たちが夢と誇りを持ち、お客さんに対しても夢の与えられるような商店街を追い求めています。人が行動してどこか行きたいと想う時に、何かしらの用件がなければ行動に移さないですよね。モノの種類の多さとか価格などではどうしても大きな店にはかなわない。絶対にかなわないのです。しかし、その他の部分でできることがあるのではないか。ということで、この「夢を追い求める商店街」という形でお客様に来ていただこうとしました。そうして、ＳＨＩＰがメディアに多数取り上げられ、全国的な認知度も上がって、こうして実際の効果としてたくさんの県外のファンがやってきてくれます。街にとけ込んで、中町を愛してくれている。そういう状況になってきています。

2　三〇年かけてふたたび中町を取りもどす

◇ＳＨＩＰは商店主に向けたメッセージ

自分が一番言いたいことは、ＳＨＩＰの事業をとおしてこのメッセージを誰に向けているかというと、自分自身です。この街に住んで商売をやっている商店主に向けたメッセージなんですね。何かしらのアイディア次第では、これだけの反応も得られるし、注目もされるのですよ、と。こういうことをやっているのは、ここに住んでいる商店主なのですよ、と。全国でこれだけ注目されるのは、夢も誇りも感じられるような商店街でしょう。皆さんも、それぞれに夢と誇りを持ってください、と。

やはり、個人、個人のやる気というものが起こってこないと、いくらどんなことに取り組んでも、この商店街という単位では絶対にお客さんはもどってこないのです。個人、個人では一人でいいです。でも集合体としても中心商店街と言われたとき、みんなの気持ちがやる気のある方向に向かうような、夢と誇りというものを感じて頑張ろうと思いませんか、と。そういう、内へ向けたメッセージということで、このＳＨＩＰ事業というものを自分は強く思っているわけです。

◇三〇年かけて落ちたものは、三〇年かけて取りもどす

小中学生の皆さんでしたね。ＳＨＩＰというものはそういう層に対してもね、中町に来てよ、と。月一回かもしれないけれども、ＳＨＩＰのライブもあるし、そういう時には中町に来てく

ださい、そしていろんなお店をみてください。いろいろなお店があるのですよ、本当は。こういうふうに来ていただければ、あこがれの対象のＳＨＩＰも観ることができるし、ワクワク・ドキドキ・ウキウキというような、そういう気持ちにさせるような商店街なのですよ、そういうところを感じて欲しいな、と思っています。

「まちおこし」というと、経済効果がなんだといった結果の話がすぐきます。中町商店街は三〇年くらいかけてどんどん落ちていったわけです。それを一年や二年で昔みたいにもどそうとしても絶対に無理です。三〇年かけて落ちたものは、やはり三〇年くらいのスパンで頑張って、また昔の賑わいを取りもどしましょうよというような、そのくらいの長期的な視野がなければ駄目なのだと思います。しかし、あまりそれを言うと、やはり言えるのは、自分くらいの世代までなのです、先を考えるのは。でも自分はそれで良いと思っています。だから、いま「活性化したの？」と言われて、「売上げがどのくらい上がったの？」といったような話はどうでもいいのです。

いま、前段階としては、ここにいる人たちが、ここで商売する人たちが、夢と誇りを心のなかに持ち始めていますよ、という段階でなんら問題ないと思うのです。そこから先に向けて一歩一歩ふみ出して、賑わいを取りもどすという長期的視野に立って、考えていきたいと思っています。

結び

メディア文化の街における「もう一つの地域社会論」

1 メディア文化の源流「酒田舞娘」

◇メディア文化は華麗な世界

「メディア文化の街」、この響きが好きだ。人間関係を媒体する中心にあるのがメディア、そこから発信された娯楽性の高い文化を選択した先にあるスタイルに注目。本書は、メディアとエンターテインメントを論点としたメディア文化を中心に展開してきた一つの地域社会論である。それがメディア文化の根ざした街として酒田を取り上げた背景にみることができる。酒田をメディア文化とした理由は既に何度もふれたが、華やかなモデルの存在なくしてメディア文化の街を位置づけることはできない。その華麗な世界こそ、伝統の「酒田舞娘」であり、現代の「商店街発アイドル」だった。

二〇〇〇年代、両者の融合している街が酒田であった。酒田舞娘と商店街アイドルは動態のメディア文化であり。既存の静態のメディア文化と一緒に華やかなコラボレーションを果たしている。静態的メディア文化の流れがある街だからこそ、いま（現代）に適応した動態的メディア文化を表出させることができたのだ。(1)過去と現在の歴史的連続性のなせる結果として、メディア文化の開花をみる。

（1）文化を「静態的メディア文化」と、「動態的メディア文化」に分ける。前者は、かつてその地域に根ざした伝統をベースにしたモデル。後者は、その伝統を現代のスタイルに適応させたモデル。

◇メディア文化の宝庫

酒田商工会議所青年部のサイトを開くと酒田の華麗な二つの世界が登場する。

一つは、「SAKATA発アイドル育成プロジェクト」。酒田からアイドルユニットをデビューさせよう！商店街、市民の〝夢〟をのせて、このプロジェクトはスタートした。

二つは、「酒田舞娘」。伝統文化の振興と伝統芸能の保存を目的に酒田には舞娘さん制度がつくられた。現代の舞娘さんは、サラリーウーマンとして活躍している姿を知ることができる。(2)

あまりにも驚きに値する時代を超えた二つのメディア文化モデル。この二大モデルは、いまも積極的に活動し、多くのファンをとりこにしている。動態的メディア文化である。各種のイベントや地域社会の認知のために華やかな活動を繰り広げている。商工会議所青年部サイトは、この動態二大モデルの発信場所として、最適な活動環境を提供している。

アイドルや舞娘さんに感情移入しているのではなく、酒田という街にふさわしい、過去と現在が、リアルタイムに人びとの前に登場させることに余念がないのだ。のんびりとしかし優雅な世界のプレゼンテーションだ。歴史的に豊かな資源をもつ庄内、酒田、ゆえに中心市街地にみる華麗なメディア文化の一コマ。酒田の街にふみ込んでいくたびに、ここがメディア文化の宝庫であることを知る。

独自のモデルを発信する場合、その基盤となる組織なり人なりを配置することは重要だ。それがなかなか確保できない現状も多い。酒田の場合、商工会議所だけがやっているのではないが、ここの基本とした方向性がネットワークを駆使して、商店街や市当局にはたらきかける。全国の商工会議所のなかでも、メディア文化のスタイルを前面に押し出したプロジェクトの多さは、酒田の街の伝統をそのままバックグラウンドにする姿勢にほかならない。(3)

---

(2) 酒田商工会議所青年部サイト資料参照。

(3) 「酒田舞娘」「商店街発SHIP」「酒田雛街道」いずれも華麗な女性文化をプレゼンテーションしている。

◇「酒田舞娘」のいる街

京都の祇園ではなく、舞娘さんのいる街がある。舞妓ではない〝舞娘〟のいる街である。酒田の中心市街地にある「相馬楼」という料亭である。(4) 一九九六年に国の登録文化財建造物に指定されている。中町商店街から歩いて五分程度の日枝神社近くの日吉町にある。舞娘坂と呼ばれているエリアだ。亭内の大広間では、食事をしながら舞娘さんの踊りを楽しむことができる。宴舞場は酒田舞娘の稽古場として活用されている。江戸時代の料亭文化を現代に甦らせたともいえよう。祇園の舞妓さんのような格式にはとてもおよばないものの、お客さんとの等身大の距離がとてもほほえましい。酒田舞娘の人気の秘密である。

酒田舞娘は、踊りや三味線もたしなみながら、料亭のお座敷で華麗な姿を披露している。相馬楼でみる舞娘さんの演舞は約二〇分(三～四目)で、三五〇〇円程度の予算で食事をしながら楽しめる。踊りのみは、入場・鑑賞料の総額で一〇〇〇円ほど。観光客が訪れ、多い時には一〇〇人を超している。ほとんど中高年の女性客であるのが特徴だ。

舞娘茶屋とも呼ばれている相馬楼は料亭街の中心にある。西廻り航路の華やかな時代に、豊かな地元の商人たちは、客をもてなす。豊かな食材に恵まれた食文化をより一層引き立てた酒田舞娘のいる料亭街はいまもたくさんのお客さんで賑わっている。夜になると、竹久夢二が舞娘さんと歩いているような気持ちにさえなってしまう地域。

◇「酒田舞娘」は、エンターテインメント制度

そもそも酒田舞娘の誕生は、一六七〇年代までさかのぼる。豪商たちが集う港町酒田の花柳界は、関西方面にも名をはせていた。競って芸をみがきながら、華麗な場を盛り上げていた。

---

(4) 江戸時代から続いた料亭「相馬屋」を改装して、一九九九年「相馬楼」に。

戦後、酒田の料亭文化も当時の華やかさにはおいつかないものの、いまなお歴史と格式を誇る料亭は軒を連ねている(5)。

一九九〇年代初頭、酒田の地域芸能の伝承、地域文化の振興をはかり、料亭文化の伝統を維持するために、有志が集まりあらたなスタイルの酒田舞娘を誕生させた。舞娘さんは全員、市内の関係会社の社員であり、祇園の舞妓さんとはここが異なる。酒田舞娘はＯＬでもある(6)。

確かにお座敷でお酌をすることもあるものの、お座敷に華麗な空間をつくる、それが酒田舞娘のスタイルだ。伝統的は雰囲気を出しながらも、アイドル的要素ももって接客をする。芸も積み、接客スタイルも磨く、格調高い側面とソフトな側面を併せ持つ彼女たちの空間は接しやすい。親しみをもたせながら現代に料亭文化を持ち運んだ。アイドル並みの人気を博した舞娘さんという現実。酒田舞娘が登場する行事の数々には、メディア文化のシンボルとしての機能をみることができよう。

酒田舞娘のエピソードも多い。サラリーウーマンを象徴している舞娘さんらしく、舞娘として踊りを披露した直後など、もう少し、「お客さんと本当はお話ししたい」とか、「お休みの日に買い物なんかしても、お客さん、全然気付いてくれないんですよ。ちょっとさみしくなったりして。やっぱり舞娘の格好していないとわかんないですよね(7)」。という記事などには、酒田舞娘が等身大という親しみを覚えさせる。

制度としての舞娘さんが機能している背景には、東の酒田と呼ばれ豪商のいた街がある。当時を懐かしむ料亭文化が、いまなおたくさんの観光客を迎えていることにもう一つの酒田の街を想像する人も多い。エンターテインメントの世界があるメディア文化の街。

---

(5) 日枝神社に向かう舞娘坂に面している酒田市日吉町界隈には、「相馬楼」以外にも、「香梅咲」「次郎兵衛」などの料亭が店を並べる。

(6) 結び、注の2を参照。

(7) 「酒田舞娘・小太郎さん、海都さん―妖艶な踊りにウットリ―」『山形新聞』二〇〇六年五月八日付夕刊を参照。

2 「酒田雛街道」と「傘福」にみるメディア文化

◇「酒田雛街道」というメディア文化

二〇〇五年二月に「酒田雛街道―むかし小路のひな巡り―」というポスターが酒田市内に張り出された。中心商店街の各商店に伝わる雛人形を各店舗が展示するというテーマ的な試みである。中町商店街を歩くと展示されている店舗にはのぼりがみられた。そして今年は参加の店舗も大幅に増えて見学無料の展示会場は五八ヵ所になった(8)。

酒田には京都でつくられた雛人形が数多い。江戸時代のお内裏様など、当時の人形が雛街道を形成するほどの種類が残っている地域はめずらしい。北前船で運ばれ、ここ酒田に長く根をおろした雛人形。ここにも伝統的メディア文化が残る地域性をみることができる。あでやかさという表現がふさわしく、JR酒田駅構内に展示された鵜渡川原人形をみて、下車した観光客の誰もが声を揃える。市内のあちこちで目にする、酒田雛街道のテーマにふさわしいピンクののぼりをみて、この街の文化のかおりを感じないではいられない。

お雛人形は何も京都のものばかりではない。鵜渡川原人形という酒田オリジナルの土人形がある。原型は、京都の伏見人形といわれている鵜渡川原人形は、鋳物製造業の初代の手によって作りはじめられた(9)。人形は、仔犬や狛犬、招き猫、お内裏様などの種類があり、とてもかわいらしい。一八四九年から続くこの人形は、酒田雛街道の一役を担う貴重なモデルとなった。酒田の空の玄関、庄内空港にも展示され、多くの人たちの目にとまった。

さらに酒田の街には雛街道をより引き立てるこの地域ならではの伝統的なモデルをみることになる。それはより雛街道を彩ることに連なっていく見事な伝統だ。

(8) 「酒田雛街道二〇〇六」案内ポスター。

(9) 第5章、注の13を参照。

◇商工会議所受付の「傘福」

酒田商工会議所の入口受付テーブルには、小さな「傘福」が飾られている。そのすぐ隣で女性職員が親切に対応してくれる。お雛様の時期に関係なく、ここでは一年中傘福をみることができる。傘福に吊るされている小物にはさまざまな想いや願いが込められている。みるだけでもホッとする。やすらぎや癒し的な効果も感じ取られる。庄内の伝統文化であり、雛人形と並び静態的なメディア文化の一つになっている。

一般に傘福とは、市女傘と呼ばれる華やかな色彩の傘に、お祝い事や幸福を祈るために、ちりめんの和細工で作った小物（花や果物、野菜や魚、犬、まりや座布団、米俵などの縁起物）を吊るしたものをいう。(10) 縁起物の小物が華やかに美しく飾られた傘福は見る人の目を圧巻させる。傘福の小物はちりめんで作られているが、小物のデザインは、鵜渡川原人形の原型と重なるものも多く、歴史のつながりを感じさせてくれる。

◇酒田の女性たちが企画した「傘福展示」

その傘福の大規模な企画展示が二〇〇六年三月から四月はじめまで市内各所で開催された。酒田商工会議所女性会設立二五周年事業として昨年企画されたものが今年完成をみた。(11) 市民の手によって六〇〇〇個の小物がつくられた。

もっともメインとなる傘福は、この三月に市内の「旧山王くらぶ」に期間中展示されたのだ。会場の旧山王くらぶには、大小四〇点ほどの傘福が展示され、最大のものでは傘の直径が約七〇センチ、高さが三メートルになっていた。縁起物は九九五個が吊るされていた。大広間の中心に飾られた最大の傘福をみた客の歓声は記憶にあたらしい。著者はこれまでみたことのない

---

(10) 「酒田傘福」と「伊豆稲取吊るし雛」「柳川さげもの」は、三大飾り物である。

(11) 「ひな街道彩る・傘福華やかに」『山形新聞』二〇〇六年三月二日付朝刊を参照。

見事な美しさを誇るこの傘福にしばし足を止めた。

縁起物の和細工をみると女性の幸福を象徴させる意味をもつ小物ばかり、「女性ならではの願いや夢が、この傘に詰まっている」という指摘にはうなずくばかりだった。[12] 酒田という街に根ざした様式をまた一つみることができた。今後、傘福は、地域振興や観光にもつながるだろうし、酒田の地域文化の注目はより高まっていくと思う。雛壇を超越する華麗さには一見の価値がある。雛人形、鵜渡川原人形、そして傘福を総括した酒田雛街道は偶然に登場したのではない。

酒田舞娘、商店街アイドル、そして傘福は酒田の女性文化の土台を象徴している現実である。これらのモデルに共通するのは「優しさ」「癒し」そして「華麗」である。

3　酒田と周辺地域のデザイン

◇酒田のデザイン

酒田市は、昨年「まちなみ景観助成制度」を創設した。この制度は、山居倉庫や本間家旧本邸の景観保全をするために関連対象区域約一八〇戸の建物の増改築や屋根のふき替えなどの費用の一部を助成する。行政も歴史・文化的な景観を維持するために本腰をあげた。

助成する基準は、屋根は切り妻や寄せ棟などの黒系の和風かわら、外壁はしっくい壁や土壁、板張り、質感のある素材で仕上げたものにする。屋根のふき替えも同様。塀は板塀か、マサキ、サザンカ、ドウダンツツジの生け垣にするなど細分化されている。

(12) 提言「願い、夢〝傘福〟に込め」『山形新聞』二〇〇六年四月一九日付朝刊。

山居倉庫周辺は、大勢の観光客で賑わう、酒田最大の観光スポット。その景観が広がっていけばヒストリックルートの機能はより力を発揮することになる。

観光スポットに限らない。二〇〇六年四月には、酒田市は山形県ではじめて景観行政団体の指定を受けた[13]。市街地周辺には、歴史ある料亭や神社仏閣、板塀などが多数残っている。中町商店街から広がる周辺エリア、街並み環境整備の調査はあらたなツーリズムルートの構築にも役立つ。ヨーロッパの街並みがいまもなお維持されているのは、行政と市民の協力関係のたまものだ。酒田の街も、地元市民の協力が必要。それには公的機関のバックアップがなくてはならない。

この街を彩る個々のモデルは揃い始めた。あとはそのモデルが機能される構造、つまりマクロ的な社会条件がともなうだけになる。景観環境整備は、伝統を取りもどすべく酒田市街地周辺地域のデザイン構築には、もってこいの事業。各要素が集まり一つの世界をつくる、社会システム的に関連施設がまとまることで、かつてのメディア文化も蘇る契機にもなる。

◇伝統的メディア文化の再生

「日本画家竹久夢二」、「料亭建築」、ここから連想される華やかな世界は、酒田舞娘にも関係した。そんな世界を具現化する計画がもちあがった。料亭として、明治期に建設された建物、「旧山王くらぶ」の改修である[14]。

山王くらぶは、一八九五年に建設された木造二階建ての数寄屋造り。一階に竹久夢二が使用した茶室や土蔵の客室があった。竹久夢二はこの場所を好んだという。料亭建築のこの場所を酒田の歴史、発信の拠点にという構想だ。

---

(13)『山形新聞』二〇〇六年四月一三日付朝刊。

(14)『山形新聞』二〇〇六年三月一四日付朝刊。

何より重要なのは旧山王くらぶ周辺の位置関係にある。酒田舞娘の相馬楼、日枝神社、そして光丘文庫（旧市立図書館）。伝統的メディアぎっしりのエリアであり、ヒストリックルートをツーリズムルートに融合させるには顕著な場所である。海鮮市場、日和山公園と港方向にもつながる。山居倉庫の中間に位置する中心商店街が最終的に中継点となる可能性も大きい。中町商店街は消費文化の発信地として重要性も増す。文化財機能の有効活用は、あらたなメディア文化を生み出す構造部分にかかわってくる。

4　メディア文化の街「ふたたび」

◇メディア文化の街「ふたたび」の意味

伝統的な文化財を改修し、いまの街に残す発想は、伝統を生かしたあらたな基盤を再構築する意味で不可欠。まちなみ景観助成制度の活用地域も拡大していく。酒田市内に複数の文化エリアが広がることで、伝統的メディア文化の条件は整いつつある。

最終的な目標は、一九七六年的メディア文化の再生にある。観光拠点のデザインは積極的に進んでいる。それに対して、メディア拠点の実態はいかがなものか。再三指摘するが、メディア環境の充実は、メディア文化を生む。中心商店街中町で失われたメディア文化を呼びもどす。

それはグリーン・ハウス的環境によって育てられた酒田のメディア文化。しかしグリーン・ハウスは自らそれにピリオドを打った。グリーン・ハウスはもう二度と甦ることはない。一九七六年に失われた三〇年。二〇〇六年に築き上げた三〇年。そこで再浮上したモデルこそ、メディア文化の街「ふたたび」を意味するものである。メディア文化の街を「ふたたび」今日的に再生産するモデルを待望したい。

◇そして「もう一つの地域社会論」の帰結

本書のタイトルを「もう一つの地域社会論」としたゆえんは、通常の地域研究やまちづくり論にあるようなスタイルから一線を画していることにある。

一九七六年の酒田大火により、酒田に根ざしたメディア文化が一瞬にして消え去ってしまった。酒田大火の出火元はグリーン・ハウスであった。酒田のメディア文化を中心的に支えてきたのがグリーン・ハウスであり、そのメディア文化を消し去ったのもグリーン・ハウスであった。一九七六年、メディア文化の世界は封印された。あれから三〇年、グリーン・ハウスで培ったメディア文化を受け継いだ世代は、その封印を解きはじめた。あらたな「メディア文化の街」を象徴するプロジェクトを開始した。

プロジェクトをめぐって多くの意見が飛び交った。全国的にも注目された。単純に模倣できないプロジェクトであった。地域社会が抱えている問題に逆説的ながら応えたコンテンツであったからだ。地域活性化研究とアイドル研究のかかわりにある側面だ。それに中心商店街を軸とした地域社会論の色彩も強い。社会学という領域にふさわしいテーマ設定になり得る。

したがって全体を流れるメディア文化論の展開に沿うのが酒田という街を対象にした本書の社会学的研究であることに変わりはない。これが「もう一つの地域社会論」というテーマを掲げた理由である。

この研究には帰結がみえない。メディア文化の街である限り、その先はというより、商店主の言葉に象徴されたように「継続すること」である。この街のプロジェクトに「終わりはない」。

一九七六年に〝消失したメディア文化の街〟、三〇年のいま「ふたたび」。そのスタイルに固執した。そしてこれから先も、一九七六年までに構築されたメディア文化は、その時代に適応しながらあらたなスタイルを提示し続けていく。

索　引

あ　行

アイドルグッズ　66, 67
アイドルフラッグ　67
アイドルプロジェクト　196
アーカイブ　5
『an・an』(マガジンハウス) 136
１０９　128
居場所　33
癒しブーム　44
鵜渡川原人形　135, 207
映画　8
映画産業　8, 10, 17
駅前エリア　40
エンターテインメント　1, 47
黄金の七〇年代　22
大通り商店街　127
荻昌弘　13
乙女ロード　128

か　行

階層　35
階層構造　35
階層分化　36, 39, 187
傘福　208
川辺の館　79, 139
慣習　4
感情浄化　45, 187
帰属　2
帰属処理　34
北前船　61
『CanCam』　160
旧山王くらぶ　208, 210
旧鐙屋　127, 138
強迫観念　45
京文化　6, 51, 135
京舞妓　6
クラシックルート　126, 188
GREEN YEARS (パンフレット) 16
グリーン・ハウス　11, 14, 25, 55, 161
グリーン・ハウスニュース〈予定表〉　16
クロスネット　18
景観行政団体　210
欅　8
現代的なアイドル　63
郊外型店舗　42
豪商　6
行動パターン　2
小袖屋　43, 133
コーヒー喫茶　7
コミュニケーション・ツール　157, 164, 190
コミュニケーション・ネットワーク　42
コミュニケーション・メディア　19
コミュニケーションルート　101
コミュニティ　164, 171
コミュニティ・アイドル　74, 182
コミュニティ意識　164

さ　行

酒田市　5, 28
酒田市総合文化センター　48
酒田市民会館「希望ホール」　47
酒田大火　25, 27, 56, 66, 194
酒田どんしゃんまつり　59
SAKATA 発アイドル育成プロジェクト　60, 204
酒田雛街道　140, 207
酒田奉行所跡　127
酒田舞娘　6, 63, 204, 205
　伝統の――　203
酒田まつり　63
サブ　161
サブカルチャー　2, 161, 175
産業社会学　54
SHIP　53, 60, 64, 68, 105, 157
シネ・サロン　12, 19
シネマ・コンプレックス (シネコン)　7, 12, 14, 46
清水屋　133
社会関係　4
社会システム論　55
ジャスコ酒田駅前店　42
ジャスコ酒田南店　43
シャッター街　58, 193
瞬間映像　35
庄交モール　42
商店街の進化　35, 36, 118, 156, 187
商店街発アイドル　63
　現代の――　203
庄内地方　5
庄内米　5, 72, 73
女子高生文化　45
女性の社会的進出　17
シンボル　26, 33, 43, 83
スカラ座　11
ストリート・デパート　188, 198
精神文化　4
静態的メディア文化　203
西武　128
一九六〇年代　10, 21, 22, 28
一九七〇年代　10, 21, 22, 30, 56
一九七六年　25, 31
一九八〇年代　31, 35, 38, 41
一九九〇年代　22
相馬楼　67, 205
村落共同体　4

た　行

ダイエー酒田店　42
タイムラグ　17
たくみ通り商店街　127
たくみモール　36
地域限定アイドル　116
地域社会　4, 27, 54

地域社会論　3, 203
中心市街地衰退　30
中心商店街の活性化　105, 156, 187
中心商店街の進化　117
ツーリズムルート　123, 127, 138, 188
テーマパーク的商店街　39
伝統　4
伝統アイドル　7
伝統的商店街　39
伝統的なアイドル　63
伝統的メディア文化　207
伝統文化　6
動態的メディア文化　203
東武　128
都市　3
都市社会学　3
とりあえず　41
とりあえず（の）空間　41, 46
トレンド　3, 8, 36, 44, 83

な　行

中合清水屋店　43
中通り商店街　127
中町サンタウン　82
中町商店街　9, 28, 37, 58, 65, 77, 82, 85, 127, 129
中町商店街エリア　40
中町商店街マップ　66
中町シンポジウム　156
中町の日　65
中町ファッション　127, 134
中町モール　36
七号線エリア　81
七号線バイパスエリア　40
新井田川　47, 127, 141
西廻り航路　6, 51, 205
二〇〇〇年代　22, 41, 203
二〇〇六年　38
ニュールート　127, 143
人間生態学（human ecology）　3
ネオ郊外型店舗　42
『non- no』（集英社）　136

は　行

パーク, R.　3
パルコ　128
ヒストリックルート　123, 127, 138, 188
人びとの流れ　81
非日常的な空間　20
日比谷映画　11
ファッション　2, 11
ファッション・ストリート系商店街　39
ファッションルート　126
フィールドワーク　32, 75, 106, 114, 128
フォーク・ウェイズ　4
複合型映画施設　12
複合型映画館　7
復興都市計画　36
物質文化　4
フリーマーケット　78, 183
フレンチレストラン　8
ポピュラー　2
ポピュラーカルチャー　2-3
ホームタウン　65
本間家旧本邸　127, 138

ま　行

舞妓さんブーム　7
マイブーム　144
マス・メディア　1, 13, 68
まちおこし　69, 199, 202
まちなみ景観助成制度　209
三川町ショッピングセンター　41-42, 46
港座　9, 29, 46
みゆき座　11
名画座　12
メイン　161
メディア　3
メディア・インフォメーション　49
メディア環境　2, 20, 23, 56
メディア社会　1
メディア文化　1, 3, 21, 23, 48, 51, 58
メディア文化の街　1, 54, 111, 203
メディア文化論　2, 3
もう一つの地域社会論　26, 212
萌え　160, 164, 167, 178
萌え文化　167
モータリゼーション　37
模倣的郊外型ショップ　39

や　行

柳小路　12
柳小路マーケット　28
山居倉庫　47, 79, 127, 138
山形新聞　53
有楽座　11
ユニバーシティルート　123, 127, 146, 189
余暇　45
淀川長治　13

ら　行

リバーサイド　123
リバーサイドルート　127, 142, 189
流行　2
流行理論　58
領域（territory）　4
料亭文化　6, 206
ルート検証　123, 126
ルート構築　126
ル・ポットフー　8
歴史的連続性　203
ローカル・コミュニケーション　33, 34, 66, 135
ロックタウン　43, 81
ロックタウンエリア　81

著者紹介

仲川　秀樹（なかがわ　ひでき）

1958 年　山形県酒田市出身
1983 年　日本大学法学部新聞学科卒業
1988 年　日本大学大学院文学研究科社会学専攻博士後期課程満期退学
日本大学文理学部助手，専任講師，助教授を経て
現　在　日本大学文理学部教授
専　攻　マス・コミュニケーション論，メディア文化論，社会学理論
主　著　『メディア文化の街とアイドル』（単著）学陽書房，2005 年
『マス・コミュニケーション論』（共著）学文社，2004 年
『サブカルチャー社会学』（単著）学陽書房，2002 年
『情報社会をみる』（共著）学文社，2000 年
『人間生活の理論と構造』（共著）学文社，1999 年
『現代社会の理論と視角』（共著）学文社，1995 年

もう一つの地域社会論 ―酒田大火 30 年「メディア文化の街」ふたたび―

2006 年 10 月 20 日　第一版第一刷発行

著　者　仲 川 秀 樹
発行所　㈱ 学 文 社
発行者　田 中 千 津 子

東京都目黒区下目黒 3－6－1
〒153-0064　電話(03)3715-1501（代表）　振替　00130-9-98842
http://www.gakubunsha.com

落丁，乱丁本は，本社にてお取り替えします。　印刷／新灯印刷株式会社
定価は，売上カード，カバーに表示してあります。　<検印省略>

ISBN 4-7620-1605-5